工业园区土地产出效率评价的思路与方法研究

嵇欣 著

上海交通大学出版社
SHANGHAI JIAO TONG UNIVERSITY PRESS

内容提要

　　本书对现有工业园区集约利用水平评价方法进行改进和补充,从相对值的角度来衡量工业园区的土地产出效率,即在剔除某些客观条件(如园区级别、地理位置等区位因素)的影响后,对工业园区的土地产出效率进行评价。从评价结果中判断出受到区位因素影响较大的工业园区,并识别出城市中不适合发展工业的地方,从而优化和调整城市的产业结构,推动城市的发展转型。本书适合相关专业及政府部门工作人员阅读。

图书在版编目(CIP)数据

工业园区土地产出效率评价的思路与方法研究/ 嵇欣著. —上海: 上海交通大学出版社,2020
ISBN 978－7－313－23242－7

Ⅰ.①工… Ⅱ.①嵇… Ⅲ.①工业园区－土地利用－效益评价－研究－中国 Ⅳ.①F424

中国版本图书馆 CIP 数据核字(2020)第 079660 号

工业园区土地产出效率评价的思路与方法研究
GONGYEYUANQU TUDI CHANCHU XIAOLU PINGJIA DE SILU YU FANGFA YANJIU

著　　者：嵇　欣			
出版发行：上海交通大学出版社	地　　址：上海市番禺路 951 号		
邮政编码：200030	电　　话：021－64071208		
印　　制：当纳利(上海)信息技术有限公司	经　　销：全国新华书店		
开　　本：710 mm×1000 mm　1/16	印　　张：12.5		
字　　数：197 千字			
版　　次：2020 年 6 月第 1 版	印　　次：2020 年 6 月第 1 次印刷		
书　　号：ISBN 978－7－313－23242－7			
定　　价：78.00 元			

目录

Contents

1 导　论

自改革开放以来,中国经济保持了 30 多年的高速增长,平均年增长率接近 10%,可以说是"增长的奇迹"。2010 年,中国的 GDP 总量仅次于美国,成为世界第二大经济体。2019 年,中国的国内生产总值为 990 865 亿元,人均 GDP 达 70 892 元,城镇化率已超过 60%[①]。然而,在经济高速发展、城市规模不断扩大的同时,我国面临着土地资源紧缺、土地开发强度超过环境承载力的挑战,建设用地侵占耕地,挤压生态用地空间,城镇、农业、生态空间矛盾加剧;另外,在官员晋升激励下,地方政府有积极性以 GDP 增长为导向来发展地方经济,导致产业布局分散、产业同构,进而导致土地利用粗放、低效。党的十八大将生态文明建设纳入中国特色社会主义"五位一体"总体布局;党的十八届五中全会提出"绿色"发展理念,这对优化国土空间开发格局、提高土地利用效率、形成节约资源的产业结构提出了更高的要求。目前,我国经济已由高速发展阶段转向高质量发展阶段,如何转变城市发展方式、优化产业结构尤为重要。在此背景下,本书将剔除某些客观条件(如园区级别、地理位置等区位因素)对城市工业园区的影响,更为客观地评价工业园区土地产出效率,并识别出城市中不适合发展工业的地方,从而调整产业结构,推动城市发展转型。

---

① 根据《2019 年国民经济和社会发展统计公报》,2019 年末中国大陆总人口为 140 005 万人,城镇常住人口为 84 843 万人,常住人口城镇化率为 60.60%,户籍人口城镇化率为 44.38%。

1.1 研究背景与问题的提出

1.1.1 用地指标紧张成为我国发展的瓶颈

随着城市规模不断扩大,人口不断增长,建设用地的需求也日益增多。根据全国土地利用变更调查,到 2005 年底全国建设用地面积 319 224 平方公里[①]。《全国土地利用总体规划纲要(2006—2020 年)》中,到 2020 年新增建设用地为 58 500 平方公里,即到 2020 年全国建设用地面积要控制在 372 400 平方公里以内。2006—2010 年,国家批准建设用地面积将近 23 456 平方公里[②]。规划期前 5 年的新增建设用地面积已占到规划新增总量的 40%左右,即 2011—2020 年全国新增建设用地只有 35 044 平方公里左右;根据《中国国土资源公报 2016》,截至 2015 年年底,全国建设用地面积为 38.59 万平方公里,已超过 2020 年规划面积 13 533 平方公里。建设用地的快速增长使得耕地不断受到侵占,2010 年中国耕地面积约为 121.79 万平方公里,比 2000 年减少了 83 375 平方公里[③]。与此同时,人均耕地面积也在不断减少;根据世界银行的统计数据,2010 年中国人均耕地面积仅为世界平均水平的 40%。为了保障发展和保护耕地,2009 年国土资源部(2018 年已改为自然资源部)在全国开展了"保经济发展,保耕地红线"(简称"双保")的行动,并于 2010 年正式实施"双保"工程,调整土地利用结构,提高土地集约利用水平。根据《中国国土资源公报 2013》,截至 2012 年年底,全国耕地面积已增加到 135.20 万平方公里,但人均耕地面积仍较低。而且新增建设用地中,占用耕地的比例较高,2009—2016 年耕地转为新增建设用地的比例为 50%左右,其中 2010 年的比例最高,为 52.96%(见图 1 - 1)。

而耕地面积不断减少的主要原因是我国正处于快速城市化、工业化阶段,城市建设、工业发展对土地资源的需求越来越大。从城市建设用地来看,其面积从 1999 年的 20 877.02 平方公里增加到 2016 年的 52 762.30 平方公里。除了 2005

[①] 根据国土资源部的《土地分类》规定,建设用地是指建造建筑物、构筑物的土地,包括商业、工矿、仓储、公用设施、公共建筑、住宅、交通、水利设施、特殊用地等。

[②] 根据《中国国土资源年鉴 2007—2011》,2006—2010 年全国批准建设用地面积为 4 060 平方公里、4 128 平方公里、3 988 平方公里、5 877 平方公里和 5 393 平方公里。

[③] 根据《中国统计年鉴 2001》,2000 年中国耕地面积为 1 301 317 平方公里。

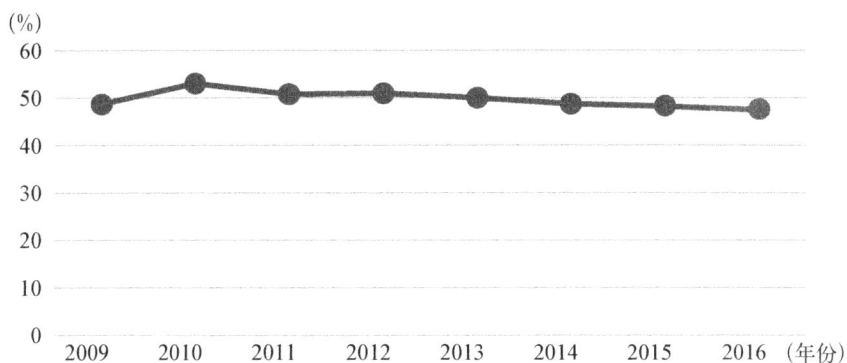

图 1-1　2003—2010 年中国建设用地耕地转用比例

数据来源：2010—2017 年的《中国国土资源年鉴》。

年城市建设用地面积有所下降，比 2004 年减少了 1 144.45 平方公里，其他年份都在增长，平均增长率为 5.66%（见图 1-2）。其中，工业用地对城市建设用地增长的平均贡献率为 19.12%，仅次于居住用地。

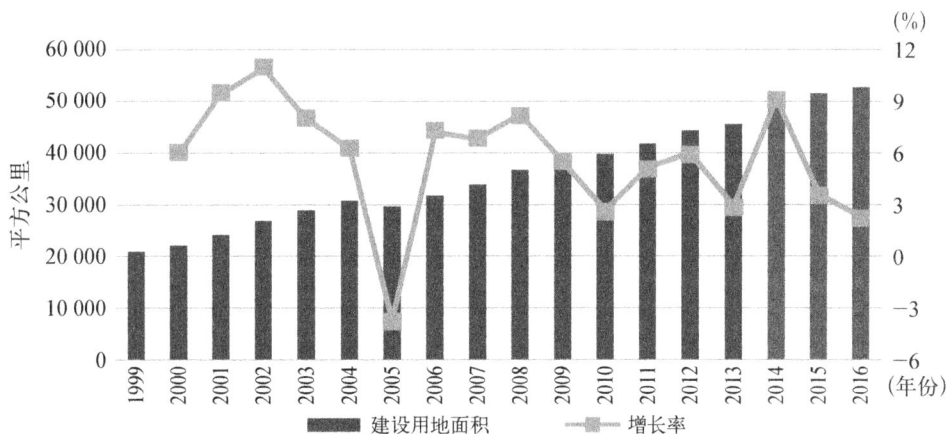

图 1-2　中国城市建设用地面积及增长率（1999—2016 年）

数据来源：1999—2016 年的《中国城市建设统计年鉴》。

1999—2016 年，工业用地面积从 4 653.90 平方公里增加到 10 525.24 平方公里，其平均增长率为 5.00%，略低于居住用地（约为 5.40%）。工业用地面积的变化趋势与城市建设用地面积基本一致。1999—2004 年，工业用地保持着持续增长，其中，2002 年的增长速度最快，为 13.01%；2005 年，工业用地面积有所下降，下降幅度为 4.33%，但之后仍保持较快的增长速度，2006—2009 年的平均年增长率为 7.67%，2010—2012 年工业用地面积变化不大，2013 年又开始缓慢增长，2013—2016 年的平均年增长率为 4.87%。

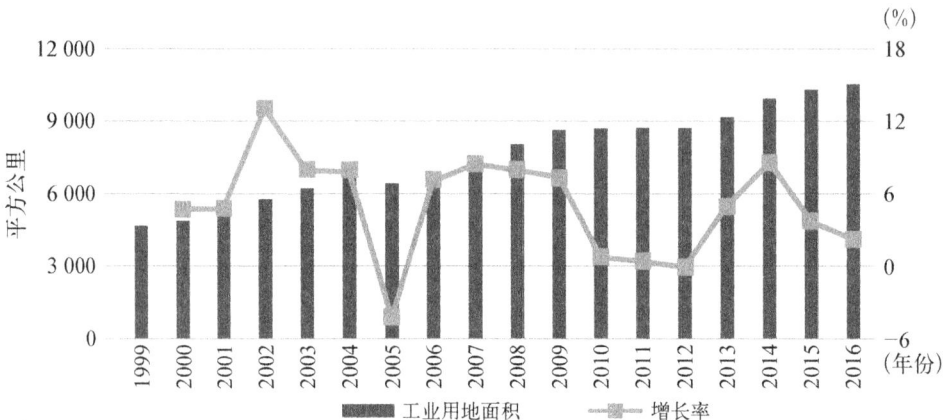

图 1-3　中国城市工业用地面积及增长率（1999—2016 年）

数据来源：1999—2016 年的《中国城市建设统计年鉴》。

从城市土地利用结构来看，我国城市工业用地的比例过高。1999—2016 年，我国城市建设用地中工业用地的比例维持在 21% 左右，2016 年北京城市建设用地中工业用地比例为 17.99%，天津为 24.04%，上海为 29.05%，广州为 27.91%，苏州为 28.08%；与国外大城市相比明显偏高，如 1983 年日本东京的城市建设用地中，工业用地的比例只占 10% 左右（东京都统计网，1983），1988 年纽约的工业用地比例为 7.5%，1974 年伦敦的工业用地比例为 4.69%，1996 年巴黎的工业用地比例为 8.0%（石忆邵，2010）。城市中工业用地比例过高导致城市土地利用结构不合理，交通用地、绿地、公共设施用地比例偏低。

在耕地保护的形势日益严峻、城市中工业用地与其他用地（公共设施用地、绿地、居住用地等）之间的矛盾也日益突出的情况下，用地指标紧张已成为我国经济社会发展的主要瓶颈。

1.1.2　工业用地粗放、低效问题严重

我国正面临着土地资源紧张和新增建设用地有限的挑战，但与此同时，工业用地却存在着用地粗放、低效等问题，主要包括以下两个方面。

第一,工业用地闲置现象较为普遍。全国工业项目用地容积率为 0.3～0.6,有些开发区甚至更低。部分工业园区在征用大量土地后,由于资金来源不足,招商引资困难,极易形成闲置。从调查结果来看,现有的工业园区无论是乡镇级还是国家级,闲置现象较为明显。据调查,在 53 个国家级高新开发区中,建筑容积率只有 0.236 7,开发区已占用的土地平均只有 57％得到有效利用,闲置土地比例高达 43％。在全国省级以上的开发区中,国家批准规划的近 2 万平方公里的园区面积,已开发面积仅占规划总面积的 13.51％(贾宏俊等,2010)。

第二,我国工业用地的土地产出效率远低于发达国家。我国大部分城市在 2016 年的工业用地单位面积工业增加值都低于 30 亿元/平方公里;而在 20 世纪 80 年代,国外大城市的工业用地产出已接近或超过 50 亿元/平方公里,是中国大城市工业用地产出效率的 2 倍左右(见表 1－1)。

表 1－1　中国城市与国外城市工业用地产出效率比较

城市名称	工业增加值	统计年份	工业用地面积 (平方公里)	统计年份	工业用地产出 (亿元/平方公里)
上　海	7 555.34 亿元	2016	555.75	2016	13.59
北　京	4 026.70 亿元	2016	263.32	2016	15.29
广　州	5 215.72 亿元	2016	186.37	2016	27.98
深　圳	7 268.93 亿元	2016	273.42	2016	26.59
纽　约	451.14 亿美元	1988	71.31	1988	52.37
芝加哥	201.90 亿美元	1990	40.76	1982	41.01
东京都	34 158.00 亿日元	1982	30.00	1990	81.52
大　阪	20 584.00 亿日元	1985	31.40	1987	46.94
横　滨	18 758.00 亿日元	1980	31.30	1980	42.91

数据来源:《深圳统计年鉴 2017》《广州统计年鉴 2017》《上海统计年鉴 2017》《北京统计年鉴 2017》《中国城市建设统计年鉴 2016》;熊鲁霞,骆棕.上海市工业用地的效率与布局[J].城市规划汇刊.2000(2):22－29,45.

另外,从工业园区来看,国家级开发区的单位面积工业增加值一般要高于其他省市级、乡镇级开发区,但有关数据显示,一些国家级开发区的土地产出效率仍然较低。例如,2007 年 53 个国家级经济技术开发区的效率指标统计数据中,单位面积工业增加值最高的是上海市闵行经济技术开发区,为 10 亿元/平方公里,最低的是东山经济技术开发区,仅 0.46 亿元/平方公里。除了上海虹桥经济技术开发区的数据缺失外,这 52 个开发区的单位面积工业增加值的平均值仅为 2.50 亿元/平方公里(见表 1-2)。

表 1-2 2007 年国家级经济技术开发区的土地产出效率

开发区名称	工业用地(工业增加值)产出强度 (亿元/平方公里)	排名
上海闵行经济技术开发区	10	1
上海漕河泾新兴技术开发区	8.47	2
北京经济技术开发区	6.06	3
广州经济技术开发区	5.84	4
上海金桥出口加工区	5.48	5
南京经济技术开发区	4.73	6
天津经济技术开发区	4.64	7
青岛经济技术开发区	4.36	8
大连经济技术开发区	4.33	9
昆山经济技术开发区	3.86	10
长春经济技术开发区	3.63	11
合肥经济技术开发区	3.14	12
南昌经济技术开发区	3.13	13
哈尔滨经济技术开发区	2.93	14
杭州经济技术开发区	2.81	15
长沙经济技术开发区	2.77	16
沈阳经济技术开发区	2.77	17
重庆经济技术开发区	2.58	18
福清融侨经济技术开发区	2.58	19
烟台经济技术开发区	2.39	20
呼和浩特经济技术开发区	2.38	21
萧山经济技术开发区	2.36	22
武汉经济技术开发区	2.3	23
广州南沙经济技术开发区	1.94	24
芜湖经济技术开发区	1.91	25

（续表）

开发区名称	工业用地(工业增加值)产出强度 (亿元/平方公里)	排　名
苏州工业园	1.85	26
西安经济技术开发区	1.8	27
福州经济技术开发区	1.78	28
温州经济技术开发区	1.71	29
乌鲁木齐经济技术开发区	1.56	30
惠州大亚湾经济技术开发区	1.5	31
厦门海沧经济技术开发区	1.5	32
南通经济技术开发区	1.5	33
海南洋浦经济技术开发区	1.47	34
连云港经济技术开发区	1.38	35
湛江经济技术开发区	1.34	36
宁波经济技术开发区	1.33	37
银川经济技术开发区	1.24	38
秦皇岛经济技术开发区	1.23	39
太原经济技术开发区	1.14	40
宁波大榭经济技术开发区	1.12	41
营口经济技术开发区	1.09	42
兰州经济技术开发区	1.05	43
威海经济技术开发区	1.01	44
昆明经济技术开发区	0.89	45
石河子经济技术开发区	0.86	46
南宁经济技术开发区	0.78	47
贵阳经济技术开发区	0.75	48
西宁经济技术开发区	0.74	49
郑州经济技术开发区	0.72	50
成都经济技术开发区	0.69	51
东山经济技术开发区	0.46	52
上海虹桥经济技术开发区	——	——

数据来源：《中国开发区年鉴2008》。

由表1－2可以看出,我国的工业用地(或工业园区)的土地浪费现象严重,土地产出效率与国外城市相比有很大差距。

1.1.3 工业园区的土地集约利用水平评价

针对工业用地低效、粗放等问题,2004年10月国务院发布了《关于深化改革严格土地管理的决定》(国发〔2004〕28号),提出要健全土地集约利用制度,实行强化节约和集约利用土地的政策。建设用地要严格控制增量,积极盘活存量,把节约用地放在首位。2008年1月,《国务院关于促进节约集约用地的通知》(国发〔2008〕3号)提出,要建立土地节约集约利用的长效机制;研究建立土地利用状况、用地效益和土地管理绩效等评价体系,加快开发区土地节约集约利用评估工作;研究促进节约集约用地的政策措施,加强对节约集约用地工作的监管并建立相应的考核制度。为了进一步贯彻落实《国务院关于促进节约集约用地的通知》,2008年7月国土资源部发布了《关于开展开发区土地集约利用评价工作的通知》(国土资发〔2008〕145号),要求对全国各级各类开发区(包括国家级和省级经济技术开发区、高新技术产业开发区和海关特殊监管区域等)进行土地集约利用评价,评价结果每2年更新一次。同年,国土资源部还发布了《开发区土地集约利用程度评价规程(试行)》,明确指出了土地集约利用程度评价的步骤和方法,主要包括以下几个方面。

一是指标的确定与计算。评价规程中指出,开发区土地集约利用程度评价应从土地利用状况、用地效益和管理绩效3个方面开展。指标体系包括目标、子目标和指标3个层次(见表1－3)。

表1－3 开发区土地集约利用程度评价指标体系

目　标	子目标	指　标
土地利用状况(A)	土地开发程度(A1)	土地开发率(A11)
		土地供应率(A12)
		土地建成率(A13)
	用地结构状况(A2)	工业用地率(A21)
		高新技术产业用地率(A22)

目　　标	子　目　标	指　　标
土地利用状况（A）	土地利用强度（A3）	综合容积率（A31）
		建筑密度（A32）
		工业用地综合容积率（A33）
		工业用地建筑密度（A34）
用地效益（B）	产业用地投入产出效益（B1）	工业用地固定资产投入强度（B11）
		工业用地产出强度（B12）
		高新技术产业用地产出强度（B13）
管理绩效（C）	土地利用监管绩效（C1）	到期项目用地处置率（C11）
		闲置土地处置率（C12）
	土地供应市场化程度（C2）	土地有偿使用率（C21）
		土地招拍挂率（C22）

注：高新技术产业用地率、高新技术产业用地产出强度2项指标属高新技术产业开发区评价的必选指标，其他类型开发区评价的备选指标。

二是指标权重的确定。指标权重可以采用特尔斐法、因素成对比较法、层次分析法等方法确定。

（1）特尔斐法也称为专家打分法，是通过对评价目标、子目标、指标的权重进行多轮专家打分，并按式（1-1）计算权重

$$W_i = \frac{\sum_{j=1}^{n} E_{ij}}{n} \qquad (1-1)$$

其中，W_i 表示第 i 个目标、子目标或指标，E_{ij} 表示专家 j 对于第 i 个目标、子目标或指标的打分，n 表示专家总数。

（2）因素成对比较法是通过对所选评价指标的相对重要性进行两两比较并赋值，指标的赋值在 0~1 之间，且赋值之和等于 1。

（3）层次分析法是通过对评价目标、子目标、指标相对重要性进行判断，组成判断矩阵并计算权重值，判断矩阵必须通过一致性检验。

三是指标理想值的确定。主要方法如下：一是目标值法，即结合国家、区

域、开发区等国民经济和社会发展规划等目标,结合土地利用总体规划、城市规划、有关用地标准、行业政策等,确定指标理想值;二是发展趋势估计法,即在遵循节约集约、合法合规用地原则的前提下,结合开发区社会经济发展状况和趋势估测指标理想值,趋势估计期限以 3~5 年为宜;三是先进经验逼近法,即借鉴国内外开发区土地节约集约利用经验,确定指标理想值;四是专家咨询法,即选择一定数量的专家咨询确定指标理想值,咨询专家数量为 10~40 人。

四是指标标准化,计算公式为

$$S_{ijk} = \frac{X_{ijk}}{T_{ijk}} \times 100\% \qquad (1-2)$$

其中,S_{ijk} 表示 i 目标 j 子目标 k 指标的实现度分值,X_{ijk} 表示 i 目标 j 子目标 k 指标的现状值,T_{ijk} 表示 i 目标 j 子目标 k 指标的理想值。

五是土地集约利用程度的分值计算,分别计算子目标、目标以及综合分值,具体计算公式为

$$F_{ij} = \sum_{k=1}^{n} (S_{ijk} \times W_{ijk}) \qquad (1-3)$$

$$F_i = \sum_{j=1}^{n} (F_{ij} \times W_{ij}) \qquad (1-4)$$

$$F = \sum_{i=1}^{n} (F_i \times W_i) \qquad (1-5)$$

其中,F_{ij} 表示 i 目标 j 子目标的土地利用集约度分值;S_{ijk} 表示 i 目标 j 子目标 k 指标的实现度分值;W_{ijk} 表示 i 目标 j 子目标 k 指标相对 j 子目标的权重值;F_i 表示 i 目标的土地利用集约度分值;W_{ij} 表示 i 目标 j 子目标相对 i 目标的权重值;F 表示土地利用集约度综合分值;W_i 表示 i 目标相对总目标的权重值;n 在式(1-3)、式(1-4)和式(1-5)中分别表示指标个数、子目标个数和目标个数。

国外关于工业用地绩效评价或土地集约利用水平评价的研究很少,而国内关于工业用地绩效评价的研究也是通过建立指标体系,以地均固定资产投入、地均就业人数、容积率、建筑密度、地均产出、地均利税等为主要指标来衡量工业用地土地集约利用程度,其评价步骤、方法与《开发区土地集约利用程度评价规程(试行)》基本一致。

1.1.4　现有评价方法的局限性与问题的提出

目前的评价方法过于简单,无论是国土资源部发布的《开发区土地集约利用程度评价规程(试行)》中的评价方法,还是我国有关工业用地集约利用水平评价的相关研究,用来表示用地效益或土地利用效率的主要指标为地均产出(即单位面积工业产值)。通过地均产出的绝对值来判断工业用地土地产出效率的高低,其前提是所有工业园区都在同一起跑线上,而且默认所有的工业园区都是合理的,当各工业园区的土地产出效率有较大差异时,落后的工业园区是可以通过自己的努力赶上的。实际上,这两个前提不成立,其主要原因有以下两点。

一是工业园区的级别问题。级别高的工业园区(如国家级工业园区),入驻企业的质量较高(如投资强度较大、技术水平较高等)。以上海市为例,2018 年上海市开发区工业用地平均产出率为 71.13 亿元/平方公里,其中,国家级开发区为 109.57 亿元/平方公里,市级开发区为 68.78 亿元/平方公里,而城镇工业地块为 28.28 亿元/平方公里[①]。与区县级工业园区相比,国家级、市级工业园区的产业布局受到上一级政府的高度重视,进入的项目质量更高。因此,工业用地的产出效率与工业园区的级别有着密切关系。

二是地理区位问题。区位好的工业园区,能更好地依托城市功能发展。工业园区离中心城区较近,能享受到市中心的服务功能;靠近主要交通枢纽,即交通通达性较好,则便于运输、物流。中心城区的服务功能和城市交通基础设施的完善都是城市发展过程中长期投入的结果,区位好的工业园区可以享受到该成果,并以此来吸引优质企业进入。

因此,将所有工业园区的土地产出效率按地均产出绝对值的高低进行考核,存在一定的问题,即工业园区并不是处于同一起跑线上,忽略了区位因素(园区级别、地理位置等)对工业园区土地产出效率的影响。

另外,工业用地与城市功能之间的关系也不容忽视。当工业园区与城市功能发生冲突时,城市功能受到损害;而当工业园区与周边城区的功能互补时,能够促进城市的发展。现有评价方法无法反映出上述情况,也就是说,从现有评价

[①] 根据上海市开发区协会《2018 年上海市开发区经济运行情况》的数据统计,开发区工业用地产出率按 2018 年开发区规模以上工业企业产值和已供应工业用地计算。

结果中无法判断出哪些区位是不适合发展工业的。

1.2　研究的目的与意义

本书的研究目的是为了对现有工业园区集约利用水平评价方法进行改进和补充,从相对值的角度来衡量工业园区的土地产出效率,即在剔除某些客观条件(如园区级别、地理位置等区位因素)的影响后,对工业园区的土地产出效率进行评价。从评价结果中判断出受到区位因素影响较大的工业园区,并识别出城市中不适合发展工业的地方,从而优化和调整城市的产业结构,推动城市的发展转型。合理评价工业园区土地产出效率的意义有以下几点。

一是有利于识别出园区级别、地理区位等区位因素的差异对工业园区土地产出效率的影响程度,识别出工业园区产出效率差异的原因。

二是有利于识别出不适合发展工业的区位,明确产业结构调整的方向,有助于城市发展转型的思考。对于不适合发展工业的地方,可以考虑将工业用地逐步转换为住宅、商业、服务业、公共设施、绿地等其他用地,使城市土地利用结构趋向合理化。

三是有利于保护耕地。通过盘活存量来满足城市发展对土地资源的需求,而不是通过侵占耕地来扩大城市建设用地总量。

1.3　研究思路与方法

首先,本书从两个方面进行文献梳理。一是梳理有关工业用地绩效评价的国内外研究进展。研究发现,国外有关工业用地绩效评价的研究其少,而国内研究是通过建立指标体系来评价工业用地集约利用水平的。对此,需要为具有中国特色的评价方法寻找相应的理论基础。二是借鉴城市发展与空间结构的相关理论、土地经济学中的级差地租理论以及城市经济学中的区位理论,从这三个方面阐述城市中适合发展工业的用地,即有利于城市功能的发挥、土地产出效率与所支付的租金相一致,有利于企业对区位的选择。

其次,确定区位因素。通过梳理企业区位选择的实证研究,归纳已有研究采用的计量模型和企业选址时考虑的影响因素,并对不同计量模型的适用范围进行比较,确定合适的计量模型;再结合文献综述中已确定的区位理论研究范围,选择合适的区位因素;然后,通过泊松回归分析各因素对 2007—2008 年上海市制造业企业区位选择的影响。

再次,剔除区位因素对工业园区土地产出效率的影响。在确定区位因素的基础上,通过计量模型来分析区位因素对工业园区土地产出效率的影响,而回归结果中的残差则用来表示剔除区位因素后的土地产出效率。如果地均产出残差大于 0,则说明土地产出效率较高;残差小于 0,则说明土地产出效率较低。

最后,分析工业园区土地产出效率的评价结果并提出相应的政策建议。通过单因素回归的方法,分析园区级别、到市中心的距离、到最近高速公路的距离等因素对工业园区土地产出效率的影响;并结合地均产出残差的大小和地均产出排名的变化情况来识别出土地产出效率一直较低或一直较高的工业园区、区位优势十分明显或较为明显的工业园区、区位劣势十分明显或较为明显的工业园区。根据评价结果分析,指出工业园区在土地管理上存在的问题,识别出不适合发展工业的园区,并提出相应的政策建议。

根据上述研究思路与方法,本书的分析框架如图 1-4 所示。

1.4 内容安排

除了导论以外,第二章分两部分对文献进行梳理。第一部分是关于工业用地绩效评价的国内外研究进展。国外有关工业用地绩效评价的研究很少,这主要是因为西方社会认为农田和自然资源的价值是很高的,需要限制城市增长,将工业用地抑制在尽可能小的空间内,也就不需要对工业用地绩效进行评价。而国内研究是通过建立指标体系的方法来评价工业用地集约利用水平,本书对选取的指标以及指标权重确定的方法进行了归纳。可见,工业园区土地产出效率评价是具有中国特色的。因此,在文献综述的第二部分,主要是为研究所采用的评价方法寻找相应的理论基础。通过对城市发展与空间结构的相关理论、土地经济学中的级差地租理论以及城市经济学中的区位理论的梳理,总结出城市中适合发展工业的地方。从城市发展过程中工业的集聚与扩散来阐述城市发展与工业之间既相互依赖又相互冲突的关系。从城市工业用地空间布局的一般规律

```
                                      ┌─────────────────────┐
                          ┌──────────▶│   耕地流失现象严重    │
               ┌──────────┴─────┐     └─────────────────────┘
         ┌────▶│  用地指标紧张   │     ┌─────────────────────────┐
         │     └──────────┬─────┘────▶│ 工业用地与其他用地之间矛盾日益突出 │
┌─────────┐               │            └─────────────────────────┘
│ 研究背景 │───┤
└─────────┘    │     ┌──────────────┐     ┌──────────────────┐
         └────▶│ 工业用地存在着用地 │────▶│ 土地集约节约利用评价 │
               │ 粗放、低效等问题  │     └──────────────────┘
               └──────────────┘
```

```
┌─────────┐     ┌──────────────────────┐
│ 问题的提出 │────▶│ 现有工业用地绩效评价方法的局限性 │
└─────────┘     └──────────────────────┘
```

```
               ┌─────────────────────────────┐
         ┌────▶│ ① 工业用地绩效评价的国内外研究进展 │
         │     └─────────────────────────────┘
┌─────────┐                          ┌──────────────────┐ ┐
│ 文献综述 │───┤                  ┌─▶│ 城市发展与空间结构： │ │
└─────────┘    │                  │   │ 有利于城市功能发挥  │ │
         │     ┌──────────────┐  │   └──────────────────┘ │ 文
         └────▶│ ② 适合工业发展的区位 │─┤   ┌──────────────────┐ │ 献
               └──────────────┘  ├─▶│ 地租理论：土地产出效 │ ├ 梳
                                 │   │ 率与租金相一致     │ │ 理
                                 │   └──────────────────┘ │
                                 │   ┌──────────────────┐ │
                                 └─▶│ 区位理论：有利于企业 │ │
                                     │ 对区位的选择      │ │
                                     └──────────────────┘ ┘
```

```
┌─────────────┐     ┌──────────────┐    ┌ ─ ─ ─ ─ ─ ┐
│ 企业区位选择   │────▶│ 确定区位变量   │───▶  泊松回归模型
│ 的实证研究    │     └──────────────┘    └ ─ ─ ─ ─ ─ ┘
└─────────────┘
                                                      ┐
┌─────────────┐                    ┌ ─ ─ ─ ─ ─ ─ ─ ┐ │ ┌ ─ ─ ─ ┐
│ 区位因素对工业园 │     ┌──────────────┐  │ 面板数据回归：用残 │ ├  计量模型
│ 区产出效率的影响 │────▶│ 剔除区位因素   │─▶│ 差来表示剔除区位因 │ │ └ ─ ─ ─ ┘
└─────────────┘     └──────────────┘  │ 素后的产出效率   │ │
                                       └ ─ ─ ─ ─ ─ ─ ─ ┘ ┘
```

```
┌─────────────┐     ┌──────────────┐
│ 评价工业园区   │────▶│ 分析评价结果   │
│ 土地产出效率   │     └──────────────┘
└─────────────┘     ┌──────────────────────────┐
         └─────────▶│ 指出需要讨论的问题并提出相关的政策建议 │
                    └──────────────────────────┘
```

```
┌─────────────┐     ┌──────────────────────┐
│ 结论与展望    │────▶│ 主要结论、创新点、未来工作展望 │
└─────────────┘     └──────────────────────┘
```

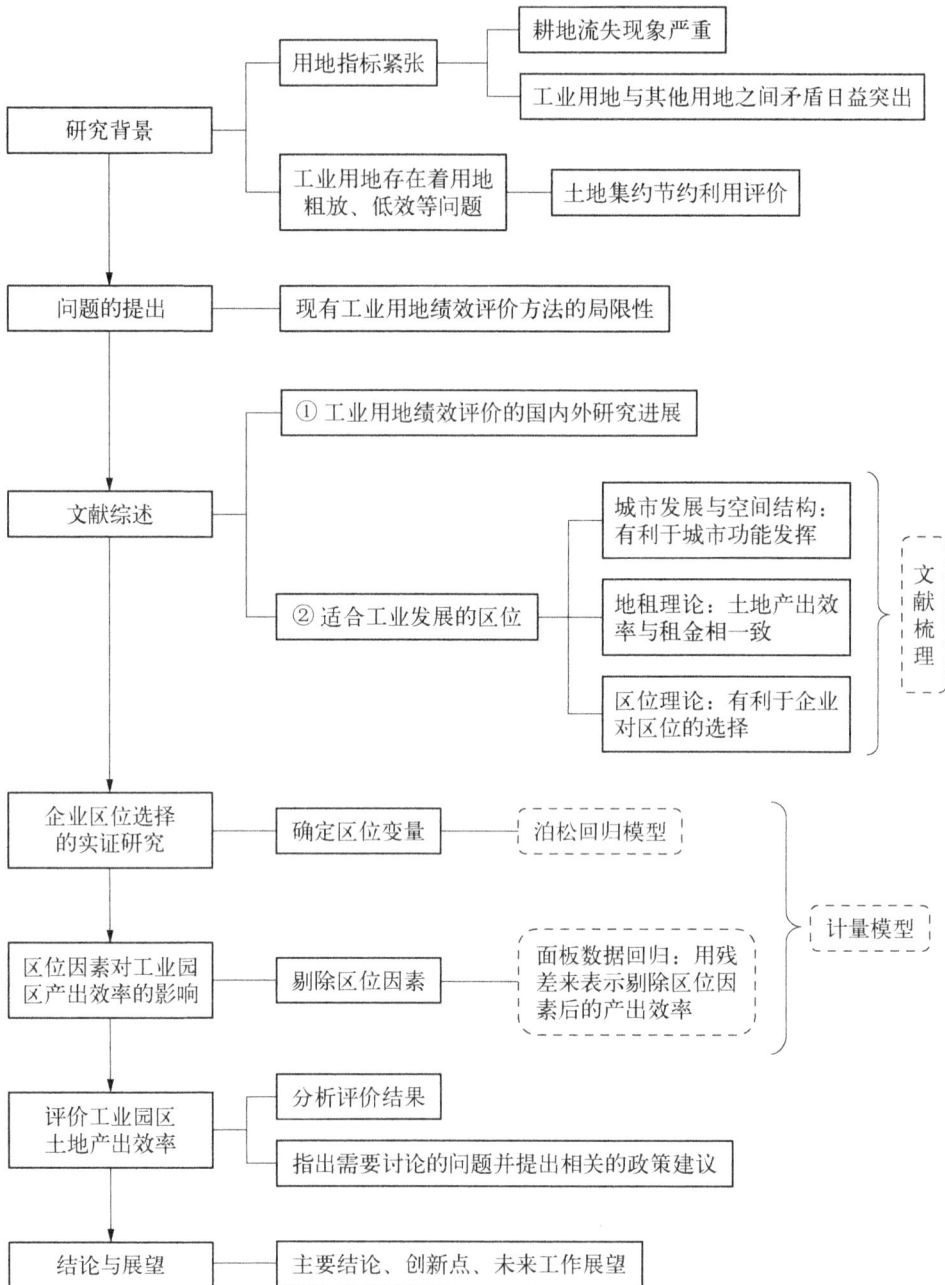

图 1-4 分析框架

中可以发现,工业用地主要位于商业中心区的外围,一方面是为了享受到中心城区的服务功能,另一方面是不与城市功能发生冲突;另外,工业用地倾向于沿主要交通干道、交通枢纽发展,这是为了运输、物流的便利。通过级差地租理论的梳理,明确到市中心距离与地租、土地产出效率之间的关系,即离市中心越近,则地租越高,土地产出效率也越高。如果土地产出效率与地租不一致,则会导致效率的损失。从区位理论的梳理中,明确企业在选择工业园区时所考虑的区位因素,并界定本书所涉及的区位理论的研究范围和相关的假设条件。

第三章是根据国内外有关企业区位选择的实证研究(主要是制造业企业区位选择),对已有研究中使用的计量模型和企业选址时考虑的影响因素进行归纳。首先,企业区位选择使用的主要计量模型为离散选择模型中的多项 Logit 模型和巢式 Logit 模型,以及计数模型中的泊松模型、负二项模型和零膨胀泊松模型,总结这些不同计量模型的优缺点和适用范围。其次,结合文献综述中的区位理论,确定实证研究的区位因素,即集聚经济、各项成本因素(包括运输成本、土地成本、劳动力成本)、市场因素和政策因素。最后,选择合适的计量模型和区位变量,分析不同因素对 2007—2008 年上海制造业企业区位选择的影响。

第四章首先对上海市土地利用状况与工业园区进行概括的描述,主要了解上海市工业园区的发展历程、现状等。然后确定影响工业园区产出效率的区位因素,即工业园区特定的区位因素(如地理位置、园区级别等),通过计量模型来分析区位因素对工业园区土地产出效率的影响,并用回归残差来表示剔除区位因素后的土地产出效率。

第五章在剔除区位因素对工业园区产出效率的影响后,对 2009 年上海市 86 个工业园区的产出效率进行评价。分析园区级别、到市中心距离、到最近高速距离以及所有区位因素对工业园区土地产出效率的影响。根据地均产出残差是否大于 0 以及地均产出排名变化情况,识别出土地产出效率一直较高或较低的工业园区,具有明显区位优势的工业园区,以及具有明显区位劣势的工业园区。根据评价结果分析,指出需要讨论的问题,如用单位面积工业产值评价工业园区土地产出效率的合理性,利用工业用地发展服务业的问题,离中心城区较近的成熟工业园区与城市功能之间的关系,以及具有明显区位劣势工业园区的问题等,并提出相应的政策建议。

第六章总结了主要结论以及未来改进的方向。

2　工业园区土地产出效率评价的理论基础

从理论基础来看,国外可持续发展理论和城市规划理论为土地集约利用奠定了基础。西方社会认为,农田和自然资源具有很高的价值,工业化不是无限制的,需要控制城市过度增长和蔓延,将工业用地抑制在尽可能小的空间内,因而也就不需要对工业用地绩效进行评价。而国内研究是通过建立指标体系来评价工业用地集约利用水平,土地产出效率只是综合评价中的一项指标。可见,工业用地土地产出效率评价不仅具有中国特色,而且还缺乏相应的理论基础作为支撑。因而,本章的第二部分主要是为本书所采用的评价方法寻找相应的理论基础。在城市中适合发展工业的地方应该具有哪些特征? 例如,发展工业的地方不能与城市功能发生冲突,其土地产出效率应与所支付的租金相一致,还要有利于企业对区位的选择等。本章分别从城市发展与空间结构的相关理论、土地经济学中的级差地租理论以及城市经济学中的区位理论来阐述这些特征。

2.1　工业用地绩效评价的国内外研究进展

2.1.1　国外关于工业用地绩效评价的研究

国外关于工业用地的土地利用绩效评价的研究很少,主要是针对农业用地的土地评价,如美国农业部在 1933 年提出的"斯托利指数分等"(Storie Index Rating)和康奈尔评价体系(Cornell System),法国财政部在 1934 年颁布的《农地评价条例》，美国于1961年颁布的土地潜力分类系统，联合国粮食与农业组织（Food and Agriculture Organization of the United Nations，FAO）于1976年正式公布的《土地评价纲要》等。

土地利用绩效评价也就是土地集约节约利用评价。土地集约利用的概念最早来自大卫·李嘉图（David Ricardo）等古典政治经济学家的地租理论。他认为农业土地集约利用，是指在一定面积的土地上，集中投入较多的生产资料和生活劳动，使用先进的技术和管理方法，使得在较小面积的土地上获得高额的产量和收入的一种农业经营方式（邵晓梅等，2006）。也就是说，所投入的资本、技术和劳动越多，则集约程度越高。

国外可持续发展理论和城市规划理论都为土地集约利用奠定了基础。1992年在联合国环境与发展大会上提出了可持续发展理念，之后有关土地利用方面的研究开始与可持续发展联系在一起，可持续土地管理（sustainable land management，SLM）的理念也被世界各国所关注。联合国粮食与农业组织于1993年提出了《可持续土地管理评价大纲》，通过一系列步骤来指导土地利用的可持续评价（Smyth & Gumanski，1993）。Dumanski（1997）指出，可持续土地管理的目标包括维持或提高生产/服务（生产性），减少生产风险（安全性），保护自然资源（保护性），经济上可行（可行性），社会上可接受的（可接受性）。当然，可持续土地管理的理念不仅限于农业用地，也可用于工业区、旅游区、开发区等。

从城市规划的角度来看，埃比尼泽·霍华德（Ebenezer Howard）在19世纪末提出了"田园城市"的规划理念，他认为田园城市是为健康、生活以及产业而设计的城市，它的规模应足以提供丰富的社会生活，但不应超过这一程度。他建议要限制城市的无限扩展，城市四周要有农业地带围绕。勒·柯布西耶（Le Coubusier）在1922年出版的《明日之城市》的著作中，提出了"集中城市"的规划理论。他主张疏散城市中心、提高密度、改善交通、提供绿地和空间等。埃列尔·萨里宁（Eliel Saarinen）的"有机疏散理论"是针对20世纪初期大城市过分膨胀带来的各种问题而提出的疏导大城市的理念。为了解决在城市发展过程中所带来的负面影响，如城市低密度的扩张大量侵占自然景观和农田、环境污染、交通拥挤等，城市规划中提出了限制城市增长和土地保护的政策。例如，在英国、荷兰和韩国,通过设置"绿色地带"来保护农村土地,限制城市的扩展。绿色地带是围绕城市的周边地带;在绿色地带,任何城市开发都是不允许的。美国提出了"精明增长""内填式发展"等城市土地利用思想。美国城市规划协会(American Planning Association,APA)在2000年提出了以"精明地增长的城市规划立法指南"为中心的规划。2002年,APA提出了理性增长的原则:现有社区的复兴、现有基础设施的再利用、填充式开发、混合土地开发、高密度的紧凑开发、开放空间保护等(Lee,2005)。另外,美国通过设置城市增长边界(urban growth boundary,UGB)来控制城市蔓延。城市增长边界的概念最早是由美国的俄勒冈州塞勒姆市提出的,它是一种分区的方式,将城市增长限制在某个特定区域,并禁止在城市边界以外的区域发展(Brueckner,2000)。城市增长边界的建立可以保护农业用地和自然资源,提高增长边界以内的土地利用效率,减少污染等。无论是"精明增长""内填式发展"理念的提出,还是"绿带""城市增长边界"等政策手段的运用,最终的目的就是遏制城市的无序蔓延,提高土地利用效率,实现土地资源的合理利用和保护。

从国外可持续发展理论和城市规划土地利用方式的管理中可以看出,西方社会对工业化的理解与我国不同。西方社会认为工业化的好处是以专业分工、大规模、标准化、通用化生产来提高效率;但与此同时,工业化也带来了负面效应,如破坏环境,消耗资源,侵占和破坏自然生态系统,约束人的自由,等等。因此,工业化不是无限制的,有必要约束工业用地,控制城市过度增长和蔓延。可见,西方社会认为农田和自然资源的价值是很高的,需要限制城市增长,将工业用地抑制在尽可能小的空间内,在此理念下也就无需对工业用地绩效进行评价。

在国外为数不多的关于城市工业用地绩效评价文献中,其研究范围也主要来自中国。Meng et al.(2008)从土地利用强度、土地规模、经济收益、社会影响、生态影响等方面,选择了多个指标对北京市顺义区的土地利用效率进行评价。Tan & Huang(2008)从企业的角度建立了土地集约利用水平评价指标体系。他们在问卷调查的基础上,选择的评价指标包括土地投资强度、地均工业总产值、地均利税、建筑密度、绿地率、行政办公室和居住服务设施面积所占比例,采用多层次分析法来确定指标权重,对江苏省的常州、南通和盐城的电子机械设备制造业的土地集约利用水平进行评价。

2.1.2　国内关于工业用地集约利用评价的研究

国内关于城市土地利用绩效评价方面的研究相对较多。已有文献从不同的角度,对城市土地利用绩效评估建立了相应的评价体系,主要是从经济效益、社会效益、生态效益这三个方面进行综合评价(刘坚等,2005;佟香凝等,2006;王雨晴和宋戈,2006;杨剑等,2008;李景刚等,2012;李灿等,2013;孙平军等,2015;雷勋平等,2016;崔许锋等,2017;胥祥等,2019),或者是从土地利用结构、土地利用程度、土地利用效益、土地投入强度等方面进行评价(班茂盛等,2008;陈士银等,2008;周丹丹,2010;鲁春阳等,2010;董会和和李诚固,2014;何明花等,2014;宋德勇等,2015;吴一凡等,2015;陈维肖等,2019),还有一些学者则增加了土地利用可持续性的指标(黎孔清和陈银蓉,2013;董会和和李诚固,2014;吴一凡等,2015)。但各文献根据研究目的之不同和数据可获得性的难易程度,在具体指标的选择上有较大差异。

开发区土地集约利用评价是从2008年才起步的,由于工业用地或工业园区的数据可获得性有一定限制,因而相对于城市土地集约利用评价来说,工业用地土地集约利用评价的文献相对较少。甄江红等(2004)对包头市不同工业类别企业的土地集约利用水平进行评价,指标包括土地利用程度(容积率、建筑密度、工业集聚度)、土地投入程度(单位用地固定资产投入、基础设施完备度、单位面积职工人数)、土地利用效率(地均产值、地均利税、基准地价),指标权重的确定采用层次分析法。李伟芳等(2008)从土地使用强度(容积率、绿化率建筑系数、行政办公及生活服务设施用地所占比例)、土地投入强度(地均投资总额)、土地经济效益(地均产值、地均利税)这三个方面综合评价宁波市不同行业工业用地节约集约利用程度。郭贯成等(2009)采用综合评分法,对江苏省金坛市(现为金坛区)工业用地集约利用程度进行评价,评价指标包括以下三个方面:土地利用管理(土地闲置率、土地空闲率)、土地利用效益(土地投资强度、地均税收、地均开票销售额、地均吸纳就业人数)和土地利用强度(容积率、建筑密度、生产性用地比率、工业企业集聚度)。贾树海等(2011)选取辽宁省朝阳经济技术开发区内各工业企业用地为评价单位,采用熵值法计算指标权重,从土地投入水平(地均固定资产投资、地均劳动力人数)、土地产出水平(地均工业总产值、地均利税)、土地利用强度（容积率、行政办公及生活服务设施用地所占比例、绿地率）这三个方面评价工业用地集约利用程度。结果显示：各企业用地集约利用程度差异显著，大部分工业企业处于粗放利用状态，土地利用还有很大的发展潜力。张落成等（2012）考虑到层次分析法和熵值法确定权重的主观性，采用最优组合赋权法从土地利用效率（容积率、建筑密度、行政办公及生活服务设施用地所占比例）、土地投入程度（单位面积固定资产投入、单位面积职工人数）、土地产出强度（地均工业产值、地均利税）这三个方面对无锡省级开发区的不同行业土地集约利用水平进行评价。王成新等（2014）从土地利用程度（土地供应率、土地建成率）、用地结构状况（工业用地率、综合容积率、建筑密度）、土地利用强度（工业用地综合容积率、工业用地建筑系数）、产业用地投入产出效益（工业用地固定资产投入强度、工业用地产出强度、工业用地投入产出率）对山东省 164 家省级以上开发区进行土地集约利用评价。韩璟和卢新海（2014）按照《开发区土地集约利用评价规程（试行）》中的评价指标，从土地利用状况、用地绩效、管理绩效这三个方面对武汉城市圈内的省级经济开发区进行评价，采用特尔斐法确定指标权重，计算集约度，然后用灰色关联度分析法对开发区土地集约利用的影响因素进行分析。魏宁宁（2017）对南京市 12 个国家或省级开发区进行土地集约利用评价，尝试比较物元分析法与多因素综合评价法，从土地利用程度（土地供应率、用地保障率、企业用地率）、土地利用强度（综合容积率、建筑密度、企业用地容积率、企业用地建筑密度）、土地投入产出效益（建设用地投入强度、建设用地产出强度）、监管绩效（开工竣工履约率、闲置土地处置率）这四个方面构建评价指标体系。

工业用地土地集约利用评价所采用的方法与城市土地利用绩效评价的方法一样，通过建立评价体系，主要从容积率、建筑密度、地均固定资产投入、地均就业、地均工业产值、地均利税等具体指标来衡量土地集约利用程度（见表 2-1）。

表 2-1　工业用地土地集约利用评价指标总结

土地投入程度	地均固定资产投资
	地均劳动力人数
土地利用程度	土地开发率
	土地建成率

	容积率
	建筑密度
土地利用程度	工业集聚度
	行政办公及生活服务设施用地所占比例
	绿化率
土地利用效率	地均工业产值
	地均利税
	到期项目用地处置率
土地管理绩效	闲置土地处置率
	土地有偿使用率
	土地招拍挂率

指标权重选取方法多采用特尔斐法、层次分析法、熵值法等；在确定指标权重以后，需要对指标进行标准化，确定指标理想值，最终计算分值。这些方法与步骤基本与国土资源部发布的《开发区土地集约利用程度评价规程（试行）》中的评价方法一致。除此之外，国内研究还尝试采用主成分分析法（彭浩和曾刚，2009）、灰色关联度分析法（韩璟和卢新海，2014）、人工神经网络模型（李焕等，2011；欧照锂等，2014）、分层线性模型（赵小风等，2012）、物元分析法（张彦等，2016；魏宁宁等，2017；魏宁宁等，2018）等对开发区进行土地集约利用评价。在开发区土地集约利用评价中，一般采用地均工业产值、地均利税等具体指标来表示土地产出效率，但缺乏相应的理论基础。下文将从适合发展工业的区位所具备的特征着手，为工业园区土地产出效率评价寻找理论支撑。

2.2　适合发展工业的区位

适合发展工业的区位应具备以下三方面特征。一是有利于城市功能的发挥。从城市发展与工业之间的关系来看，工业的集聚推动了城市中心地区的经济发展，但集聚到一定程度后会带来负面效应（如人口密度过大、交通拥挤、环境污染、生产成本上升等），妨碍城市功能的发挥，然后工业开始向城市边缘地区扩散,并逐渐形成新的中心。从城市内部空间结构的变化规律来看,工业用地一般位于商业中心区外围并沿主要交通干道发展。二是有利于遵循级差地租理论。离市中心越近,土地租金越高,只有产出效率高的产业才会选择城市中心区域。如果产出效率与土地租金不一致,则会带来效率的损失。三是有利于企业对区位的选择,也即适合发展工业用地的区位也就是企业在选择工业园区时所考虑的区位因素。下文将从以上三方面对相关理论进行梳理。

2.2.1　有利于城市功能的发挥

2.2.1.1　工业的集聚与扩散

城市发展的过程是工业不断集聚与扩散的过程。工业的集聚推动了城市经济的发展,而工业的过度集聚则会与城市功能发生冲突。与工业集聚与扩散相关的理论包括佩鲁(Perroux)的增长极理论、缪尔达尔(Myrdal)的积累循环因果关系理论、赫希曼(Hischman)的不平衡增长理论、弗里德曼(Friedman)的中心—外围理论和威廉姆逊(Williamson)的倒"U"形理论。

增长极理论(growth pole theory)是由法国经济学家佩鲁于 1950 年提出的,之后法国经济学家布代维尔(Boudeville)、瑞典经济学家缪尔达尔、美国经济学家赫希曼在不同程度上发展了该理论。佩鲁认为,经济增长并非同时出现在所有地方,它以不同的强度首先出现在一些增长点或增长极上,然后通过不同的渠道向外扩散,并对整个经济产生不同的影响(安虎森,1997)。根据佩鲁的观点,增长极是否存在取决于有无发动型工业或主导工业(master industry),即能带动城市和区域经济发展的工业部门。工业聚集在地理空间上的某一地区,则该地区经过了极化和扩散过程。由于发动型工业开始集聚在某一地区,这一地区的经济快速发展,逐渐形成增长极。随着发动型工业的规模扩大,生产成本和产品价格随之下降。与发动型工业有垂直关联的产业的成本也开始下降,为了节省运输成本,关联产业会向发动型工业所在地集中,增长极得到进一步发展。在这一过程中,各种生产要素向增加极聚集,形成了极化效应。当增长极发展到一定程度后,极化效应逐渐减弱,各生产要素开始从增长极向周边不发达地区扩散,扩散效应逐渐增强。佩鲁的增长极理论所关心的是增长极的结构特点,尤其是产业间的关联效应,却忽略了地理空间。佩鲁的学生布代维尔把地理空间引入增长极的概念中。布代维尔强调了经济空间的区域特征,将经济空间分为三种类型,即匀质空间、极化空间和计划空间,并且又对空间和区域作了区分。

累积因果理论(cumulative causation model)是瑞典经济学家缪尔达尔于1957年提出的,又称为循环累积因果理论。缪尔达尔用循环累积因果关系来解释"地理上二元经济"是如何消除的。他认为,循环累积因果关系将对地区经济发展产生两种效应:一是回波效应(backwash effect),即劳动力、资金、技术等生产要素由外围向经济增长的核心地区流动(由落后地区向发达地区流动),导致地区间发展差距的进一步扩大;二是当发达地区发展到一定程度后,由于人口密集、交通拥挤、污染严重、资本过剩等问题,使得生产成本上升,发达地区的生产规模进一步扩大会导致规模不经济。因此,资本、劳动力、技术等生产要素开始向落后地区扩散,他把这一过程称为扩散效应(diffusion effect)。与回波效应和扩散效应相类似的,美国经济学家赫希曼在1958年出版的《经济发展战略》一书中提出了"极化效应"(polarizing effect)和"涓流效应"(trickling-down effect)。他认为区域间的不均衡发展是不可以避免的,核心区的发展会通过涓流效应带动外围地区的发展,但同时劳动力、资本等生产要素从外围地区向核心区流入,促进了核心区的经济发展,又将核心区和外围地区的差距扩大,这就是极化效应的作用。

由于工业化所带来的正面与负面效应,城市工业发展经历了不断集聚与扩散的过程。同样,城市核心区和边缘地区的经济发展也是一个动态变化的过程,而且,在此过程中城市区域空间结构也变得更为复杂。但上述理论并没有将城市区域的经济发展差距变化、空间结构的变化与城市发展阶段或工业化阶段联系在一起。弗里德曼的中心—外围理论和威廉姆逊的倒"U"形理论将城市发展阶段与区域空间结构结合在一起,揭示了城市区域经济发展和空间结构的阶段性规律,即城市中心地区与边缘地区的经济增长是从相对稳定的初始状态转变为中心与外围差距逐渐扩大的不平衡状态,再到经济发展差异缩小并逐渐趋向平衡的过程。

美国学者弗里德曼在1966年出版的《区域发展政策》一书中提出了中心—外围理论(core-periphery theory),并把区域空间结构的演变划分为四个阶段:

一是前工业阶段。该阶段是工业化前期,区域空间结构的基本特征是区域空间均质无序,存在着若干个地方中心,但它们之间没有等级结构分异。由于该时期的区域生产力水平低下,经济不发达,各地区之间相对封闭,联系很少。这是一个相对稳定的初始状态。

二是过渡阶段。这个阶段是工业化初期,区域中的某个地方经过长期积累或外部刺激而获得发展的动力,经济快速增长,发展到一定程度就形成了区域经济的中心。这个中心的出现打破了区域空间结构的均衡状态,出现了不稳定的状态。在这个阶段,区域空间结构由单个相对强大的中心与落后的外围地区所组成。该中心以其经济发展的优势吸引外围地区的要素不断向该中心聚集,使其经济不断发展,而外围地区则趋向落后,导致区域空间结构的不平衡。

三是工业化阶段。随着经济活动范围的扩大,在中心区域外围产生了新的经济中心。空间区域结构由简单的中心—外围结构转变为多中心的结构。每个经济中心都有与其规模相对应的外围地区,于是就出现了若干规模不等的中心—外围结构。在这个时期,区域空间结构趋向复杂化和有序化,并对区域经济增长有着积极的作用。

四是后工业化阶段。在这个时期,经济发展达到了较高的水平,不同层次和规模的经济中心与其外围地区的联系越来越紧密,它们之间的经济发展水平差异逐渐缩小。城市外围地区被融入大城市经济中,逐步形成了功能上一体化的空间结构体系。

弗里德曼从产业发展和空间演变的角度建立起了发展阶段和区域空间结构的理论,不仅揭示了区域经济发展过程中空间结构的阶段性变化规律,也揭示了区域工业化和城市化的一般规律。

1965 年,威廉姆逊在《区域不平衡与国家发展过程》一文中提出了倒"U"形理论。与以往理论不同的是,该理论是建立在实证研究基础上的,而且将时序问题引入了区域空间结构变动分析。威廉姆逊把库兹涅茨的收入分配倒"U"形假说应用到分析区域经济发展方面,提出了区域经济差异的倒"U"形理论。他通过实证分析指出,无论是截面分析还是时间序列分析,结果都表明发展阶段与区域差异之间存在着倒"U"形关系。也就是说,在国家经济发展的初级阶段,区域间增长的差距将会扩大,即倾向于不均衡成长;之后,随着经济的发展,区域间的不平衡程度将趋于稳定;当达到发展成熟阶段,区域间的差距将逐渐缩小,即倾向于成长(朱翔,2003)。

当然,威廉姆逊的倒"U"形理论同样适用于城市内部区域空间结构的变化。当城市处于工业化初级阶段,人口、产业在城市中某个地区集聚形成了城市中心。随着工业化进程的加快,城市中心的经济快速发展,使得城市中心地区与边缘地区之间发展的差距逐渐扩大。在此过程中,城市中心的集聚效应会继续增强,并逐步将工业化、城市化的影响扩散到城市边缘地区,从而促成了次中心的兴起。当城市中心地区经济发展到一定程度后,集聚不经济所带来的各种问题使得中心地区的发展速度减缓,甚至低于次中心的发展速度。在后工业化阶段,中心地区与边缘地区的差距逐渐缩小,空间结构趋于均衡状态。

2.2.1.2 城市工业用地空间布局规律

随着城市化、工业化的快速发展,城市人口迅速增长,用地规模不断扩大,城市内部的工业、交通、商业、居住等布局结构日趋复杂,城市功能出现了不断分化组合的新布局,但城市空间结构仍表现出一定的规律性。为了揭示和解释城市内部空间发展和变化的规律,各国学者对城市地域结构进行了各种理论概括,其中最具有代表性的理论包括同心圆地带理论、扇形地带理论和多核心理论。这些理论在一定程度上揭示了城市工业用地的空间布局规律。

同心圆模式(concentric zone model)又称为伯吉斯模式(Burgess Model),是由社会学家欧尼斯特·伯吉斯(Ernest Burgess)在 1923 年创建的。伯吉斯通过对美国芝加哥的研究,进行了一般化理论推演,他认为从城市核心到城市边缘地区的土地利用呈现出同心圆结构,即城市的不同功能用地是围绕着单一核心的,并有规律地向外扩展(见图 2-1):第一地带为中心商业区(central business district),是百货公司、办公大楼、铁路车站、大饭店、剧场、美术馆、银行等集中的城市中心区。城市的中心是商业会聚的地方,也是社会活动、市民生活和公共交通的中心。第二地带是围绕市中心的过渡地带(zone in transition),它围绕中心商业

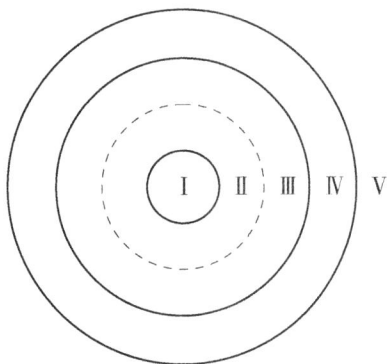

Ⅰ为中心商业区,Ⅱ为过渡地带,Ⅲ为劳工住宅地带,Ⅳ为中产阶级住宅地带,Ⅴ为通勤地带

图 2-1 同心圆地带理论

区。最初是居住区,农民刚进入城市时为了工作便利,便居住在中心商业区的附近,后来以零售和服务为主的商业中心区向外膨胀,市民也向外迁移。环绕商业中心的外围是早期建造的旧房子,其中一部分被零售商业所侵占,一部分为低级住宅、小型工厂、批发商业及一些货仓的过渡地带。由于环境日益退化和居住条件恶化,使得早期居民迁出这一带,之后它的廉价租金又吸引新移民迁入,成为贫民区。第三地带为劳工住宅地带(zone of workingmen's homes),由第二地带搬迁出来的工人居住在此,居住环境优于第二地带,且靠近工作地点。第四地带是中产阶级住宅带,白领工人、职员、小商人等中等收入者居住于此,居住条件优于第三地带,具有一流的旅馆和公寓,并且出现了地方性商业、购物中心等。第五地带为通勤带(commuter's zone),位于城市边缘,包括郊外地区或卫星城市,这是沿高速交通线路发展起来的,是富人居住区。大多数人工作在市中心,一般高级居住区距中心商业区约 30～60 分钟乘车距离范围内。

同心圆理论还揭示了城市土地利用的价值分带。越靠近市中心,则土地价格越高,产出效率高的产业才有能力支付高额的租金;离市中心越远,则地租越低。不同类型的土地使用者按支付租金的高低(或产出效率的高低)而形成了土地利用的中心环(见图 2-2)。

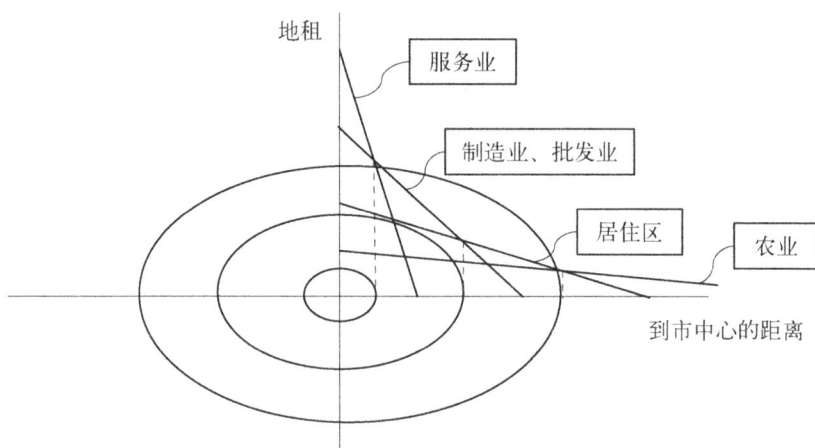

图 2-2 基于地租的不同功能用地的同心圆分布

扇形地带理论又称楔形理论,是由美国社会学家霍默·霍伊特(Homer Hoyt)于 1938 年、1942 年所提出的理论。他根据对美国 64 个中小城市及纽约、芝加哥、底特律、华盛顿、费城等城市的实地考察,保留了同心圆地带理论的经济地租机制和圈层概念,着重考虑了联结中心商业区的放射性运输线路的影响,即线性易达性(linear accessibility)和定向惯性(directional inertia)的影响。该理论把联系市中心的易达性称为基本易达性,把沿着辐射状运输线路所增加的易达性称为附加易达性。该理论指出,城市的扩张有沿着交通轴线向外延伸的趋势,而且大多从中心商业区沿主要交通干线或其他较畅通的道路向四周呈放射状扇形扩散。

从霍伊特的扇形模式来看,在图2-3中1表示城市中心CBD,住宅用地从这里向四周沿交通线放射状扩散,这中间产生扇形地带配置;2表示批发、轻工业地带,在它的周围分布着低级住宅用地3;一般在3的相反方向上有中级住宅用地4和高级住宅地5(含教育和娱乐区)。随着4和5的外移,在靠近城市中心的部位逐步演化为低级住宅用地3。

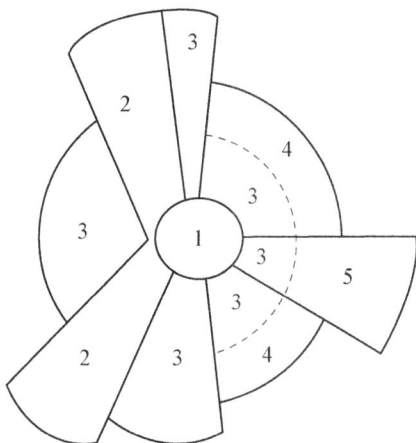

1. 中心商务区　2. 批发商业区、轻工业区　3. 低级住宅区　4. 中等住宅区　5. 高级住宅区

图2-3　扇形地带图

多核心理论(multiple nuclei theory)由麦肯齐(R.D. Mckerzie)于1933年提出,1945年经过哈里斯(C.D. Harris)和厄尔曼(E.L. Ullman)进一步发展而成。该理论认为大城市不是围绕单一核心发展起来的,而是围绕几个核心形成,即在现实城市中多数有两个以上的市中心或者一个市中心、多个副中心。在核心的周围往往会形成以下类型地域:一是中心商业区,位于城市内部交通设施的交叉点,是城市内部最易接近、地价最高的地域;二是批发商业和轻工业区,位于中心商业区附近,批发业沿交通线路集中,轻工业则利用本区各种设施;三是重工业,位于城市末端或过去城市的末端,需要广大空间及铁路、水路之便;四是住宅区,高级住宅区位于排水良好、远离公害的地点,低级住宅区大多位于工厂、铁路区附近;五是小核心区,指文化中心、公园、郊外商业区、小工业中心、大学等;六是郊外与卫星城市,郊外分住宅郊外或工业郊外。由于汽车的发展与交通条件的改善,促进了大城市的郊区化。卫星

城市则位于城市的数十公里之外,与中心城市间联系密切。

从以上理论可以看出,在城市内部空间结构从简单向复杂转变、城市功能不断分化和重新组合的过程中,城市工业用地的空间分布也呈现出一定的规律:城市工业用地一般位于中心商业区外围,一方面是为了不与城市功能发生冲突,另一方面是为了能够享受到中心城区的服务功能;另外,工业用地倾向于沿主要交通干道、交通枢纽发展,这主要是为了交通、物流的便利。

2.2.2 土地产出效率与租金相一致

同心圆理论和扇形地带理论都涉及租金对各功能用地空间分布的影响。土地产出效率越高的产业,越有能力支付高额的租金并占据离市中心较近的有利位置。一般来说,商业、服务业位于离市中心较近的区域,中心地区外围是制造业、批发业、住宅区等,而农业则位于离市中心最远的地方。地租与位置的关系可以追溯到古典经济学的级差地租理论。农业用地的地租差异主要是由于土地肥沃程度、土地位置的不同以及投入的不同。范·杜能(J.H. von Thunen)明确指出了市中心的距离与地租的关系,强调了土地位置的不同(即到市中心的距离不同)是导致地租差异的主要原因。阿隆索等人在杜能的基础上,提出了不同行业的竞租曲线,即服务业、制造业、零售业根据支付土地租金的能力来竞争城市内的土地资源。另外,通过对杜能模型的数学推导,可以得到市中心距离与土地产出效率之间的关系,即离市中心距离越近,则土地产出效率越高,地租也越高。这说明工业用地所在区位的租金应该与土地产出效率相一致,否则会导致效率的损失。

2.2.2.1 级差地租理论

最早提出地租理论的是威廉·配第(William Petty,1623—1687),他在《赋税论》中指出,地租是劳动产品扣除生产投入、维持劳动者生活必需后的余额。这说明地租的本质是剩余劳动的产物。配第认为,地租是剩余价值的真正形态。因此,地租中包含有利润。关于级差地租,配第论述了其基本原理:即由于土地肥沃程度、距市场的距离以及耕作技术水平的差异,而造成的地租差异。

弗朗斯瓦·魁奈(Francois Quesnay,1694—1774)是法国资产阶级古典政治经济学家,重农学派的创立者。重农学派的地租观是"纯产品"学说。"纯产品"学说将社会不同的生产部门归并为两类：一类是使社会财富扩大的部门，另一类是使社会财富相加的部门。魁奈认为农业因为有自然协助而为社会创造财富，自然不向人类索取报酬。农业部门生产的农产品扣除耗费的生产资料、人工和资本家消耗的生活资料后，还会有剩余产品，使社会财富扩大。而农业以外的部门，如加工工业部门，只实现已经存在的物质因素的结合，将各种使用价值结合成一种新的使用价值。它只使社会财富数量相加，而不能使社会财富扩大。魁奈把农业中由于自然协助而产生的超过生产和生活支出的剩余产品，称为"纯产品"，并认为它应以地租形式归土地所有者占有。从价值角度来看，"纯产品"实质上是农产品价值超过生产费用的余额，是农业工人为租地农场主创造的剩余价值。魁奈和配第一样把剩余价值的真正形态归结为地租（张家庆，1990）。

古典经济学是在工业革命的初期兴起的，其主要研究价格和投入（包括劳动力、资本和土地）之间的关系，以及对经济增长的贡献。虽然他们也意识到了技术进步和资本对生产率的重要性，但有许多古典经济学家仍保留了重农学派的思想。

古典经济学的基本概念和原理主要来源于亚当·斯密（Adam Smith，1723—1790）。他在1776年出版的《国民财富的性质和原因的研究》（简称《国富论》）一书中指出，地租是作为使用土地的代价。这个代价是"产品或产品价格超过这一部分（即补偿预付资本和普通利润的部分）的余额，不论这个余额有多大，土地所有者都力图把它作为自己的地租占为己有"。就是说，这个余额不是利润，是利润之上被土地所有者剥削的那一部分剩余价值（张家庆，1991）。他肯定了绝对地租的存在，认为地租是土地所有权所要求的，是土地所有权的单纯结果，是一种垄断价格。虽然他没有提出级差地租的概念，但涉及了土地肥沃程度、土地位置与地租的关系。由于斯密写《国富论》的时代，只有很少的以水为动力的工业企业存在，而且工业革命才刚刚开始，这使他相信农业是财富的主要来源（Blaug，1997）。他认为农业比制造业的生产率更高是因为农业在其生产过程中有"两个力量"同时存在，即土地和劳动力，而制造业只有一个，即劳动力（Hubacek & Van den Bergh，2002）。

詹姆斯·安德森（James Aderson，1739—1808）是英国资产阶级古典政治经济学家，他主张维护英国政府限制和禁止谷物进口的法规，并于1777年撰写了《谷物法本质的研究——关于苏格兰提出的新谷物法案》一书,其中也涉及了地租问题。马克思称他为现代地租理论的真正创始人。安德森地租理论阐述了级差地租产生的原因。他指出,为了供给社会需要的粮食和原料,就得耕种各种不同肥力的土地。这些土地生产出来的等量产品虽然耗费的费用不同,但按一定的、同一的市场价格出售,于是形成了级差地税。安德森认为,引起土地肥力差别的原因,一部分是自然,另一部分是租地农场主的投资与努力。他认为"不是地租决定土地产品的价格,而是土地产品的价格决定了地租"。就是说,级差地租是不同肥力的土地的产品按同一市场价格出售而来的。

大卫·李嘉图(David Ricardo,1772—1823)在1817年出版的《政治经济学与赋税原理》一书中论述了地租问题。其地租理论是在安德森的级差地租理论的基础上发展起来的。李嘉图认为级差地租产生的条件:一是土地数量有限,二是土地的肥沃程度与位置的差别。他说:"如果一切土地具有相同的特征,数量是无限的,质量也完全相同,那么,使用时就无须支付代价,除非是它在位置上具有特殊便利。由此看来,使用土地支付地租,只是因为土地的数量并非无限,质量也不相同。"他还提出了由不同条件而形成的级差地租,即丰度地租、位置地租、资本地租。丰度地租是指,在社会发展过程中,当次等肥力的土地投入耕种时,头等的土地马上就开始有了地租,而地租额取决于这两份土地在质量上的差。位置地租是指土地距离市场远近不同而形成的地租。距离市场近的土地,运输费用低,可以获得超过平均利润的差额,归地主所有,形成地租;资本地租是指在旧有土地上,追加等量资本和劳动所获报酬相应地减少而产生的(李嘉图,2011)。李嘉图只承认级差地租,否认绝对地租的存在。

卡尔·马克思(Karl Heinrich Marx,1818—1883)发展了资本主义级差地租的理论,阐明了级差地租的性质、形成及其运动规律。与其他生产要素不同,土地具有自然条件的差别。这种差别可以把土地概括为若干等级,如优等地、中等地、劣等地。农业资本家在不同等级的土地上从事耕作,所获得的利润是不等的。优等地和较好的土地,劳动生产率高,单位产品个别生产价格低;劣等地,劳动生产率低,单位产品个别生产价格高。耕种优等地和较好土地的农业资本家可以获得超额利润。这种由土地等级差别产生的超额利润归土地所有者占有时,马克思称之为级差地租。马克思按照级差地租形成的方式差别,将其分为级差地租Ⅰ和级差地租Ⅱ。农业工人在肥力较好或位置较优越的土地上创造的超额利润转化的地租,称为级差地租Ⅰ。也就是说,级差地租Ⅰ的形成有两种情况:一是等量资本、等量劳动投入自然肥力不同的土地,肥力较好的土地,劳动生产率高,产出多,单位产品个别生产价格低;肥力较差的土地,劳动生产率低,产出少,单位产品个别生产价格高。如果劣等地产品的价格为社会生产价格,优等地、中等地就会获得超过平均利润以上的超额利润,这种超额利润被土地所有者占有,就转化为级差地租Ⅰ。二是等量资本、等量劳动投入肥力相同,但距离市场远近不一的土地。距离市场较远的土地,其产品运往销售点所需的运费多,生产者购买生产资料也要支付较高的价格。因此,土地距离市场越远,产品个别生产价格就越高。农产品的社会生产价格由距离市场远的土地的产品的劳动耗费决定,否则,距离市场远的土地会退出生产领域。这样,距离市场近的土地因产品个别生产价格低于社会生产价格,而获得平均利润以上的超额利润。级差地租Ⅱ是指对同一块土地上连续投资,由投资产生的不同生产率所引起的超额利润转化成的地租。级差地租Ⅰ和级差地租Ⅱ在形成方式上有区别,但实质是相同的,都是由投在土地上的等量资本所具有的不同生产率的结果。它们都是由农产品的个别生产价格低于社会生产价格之间的差额,产生超额利润,并转化为级差地租。

阿弗里德·马歇尔(Alfred Marshall,1842—1924)是新古典学派或剑桥学派的奠基人。他认为地租由"原始价值""私有价值"和"公有价值"组成:"原始价值"是指土地自然肥力所带来的价值;"私有价值"是指土地所有者个人为改良土地及建设地面建筑物投入的资本、劳动及带来的收入;"公有价值"是指国家为一般目的而非专为农业修建的公路和其他改良(马歇尔,2011)。他认为,土地的"原始价值"才是真正的地租,是大自然赋予的收益。他还提出了稀有地租的概念,认为地租的产生是由于大自然的吝啬,大自然未给人们以无限制的恩赐(土地),而且土地的稀有性与土地的自然差别、土地利用方式不同并不矛盾。在他看来,如果不存在稀缺性,任何土地都不会有地租。同样,任何土地都有不同的自然差别、不同的利用方式产生的级差地租。马歇尔还提出了位置地租。他认为对于发达的工业组织来说,工业环境进步所产生的外部经济比内部经济更为重要。工厂附近拥有特别适合该行业的劳动市场,有通向市场的铁路和其他交通工具,对降低企业的生产成本会有显著影响。位置对于从事商业、开设店铺更为重要。马歇尔称之为特殊位置地租,其形成的原因,除了工业环境的普遍进步外,还有位置较好的地基是稀有的,这种地基可以提供高额地租。

总的来说,在古典经济学兴起之前,大多数学者认为,地租是农产品价值扣除生产费用(生产投入和劳动力生活必需品)后的余额。以亚当·斯密为代表的古典经济学认为,地租是农产品价值扣除预付资本和普通利润后的余额,地租是土地所有者所获得的超额利润,即超过平均利润以上的那部分剩余价值。现代经济学认为,地租是由总收益扣除总生产成本的余额。本书将地租定义为土地总收益减去劳动力和资本投入后的余额。最早提出级差地租的是安德森,之后,李嘉图、马克思在安德森的理论基础上分析了级差地租产生的原因,包括土地肥沃程度的不同、位置的不同以及投资的不同。以上关于级差地租产生原因的分析,主要是土地自然条件的差异,虽然李嘉图也提到了由于位置不同而导致的级差地租,但并没有深入分析。范·杜能是在李嘉图的分析基础上,主要考察了到市中心的距离与地租的关系,强调了土地位置的不同(即到市场中心的距离不同)是导致地租差异的主要原因。

2.2.2.2 到市中心的距离与地租的差异

杜能扩展了李嘉图的研究,他认为土地的差异并不在于其质量的差别,而在于不同区位的土地差异。他在 1826 年所写的《孤立国同农业和国民经济的关系》是有关地租区位理论最早的著作之一。杜能区位理论的假设前提有(杜能,2011):

第一,假设在一个大平原的中央有一座大城市。这座大城市与它周围的农业地带组成了一个孤立的地区。在这个孤立的平原地区上,具有同样耕作能力的肥沃土壤。同时,还假设在这个平原上,既没有河流,也没有运河。而在孤立的平原区之外,没有适于耕种的土地,只有野地或死寂的荒田。这块野地切断了孤立区与外部世界的所有联系。杜能把这样的地区称为"孤立国"。

第二,农场除了向中心城市运送农产品之外,不向其他任何市场运送任何产品。

第三,孤立国地处中纬度地区,即温带地区。农村具有适合动植物生长的优良的天然环境。

第四,农村居住着希望获得最大利润的农业生产者,他们能够根据市场的需求,不断调整其耕作品种。

第五,孤立国中没有河流可供航运,马车是运输产品的唯一手段。

第六,运输费用与运输距离成正比,运费由农业生产者承担,运价要小于农产品的价值。

在杜能的框架下,我们可以将农民的总利润定义为

$$\pi(d) = pm - iK - rS - mtd \qquad (2-1)$$

其中,d 是到市场 M 的距离,i 是每单位非土地生产投入的价格,K 是非土地投入的资本产品组合,r 是每单位土地的资金,S 为土地投入,m 是每段时间的生产总量,t 是吨公里的运费率,p 是每吨产品的市场价格。

由此,单位产量的利润可以表示为

$$\frac{\pi(d)}{m} = p - i\frac{K}{m} - r\frac{S}{m} - td \qquad (2-2)$$

假定 $K_m = \dfrac{K}{m}$,$S_m = \dfrac{S}{m}$,这里的 K_m 和 S_m 分别表示生产一吨产品所需的资本投入量和土地投入量。另外,定义 $\pi_m = \dfrac{\pi(d)}{m}$,表示单位产出的利润。则得到

$$\pi_m = p - iK_m - rS_m - td \qquad (2-3)$$

也可以写成

$$\pi_m = (p - td) - iK_m - rS_m \qquad (2-4)$$

单位产品的利润是由产品的市场价格减去运输成本,再减去总的生产要素支付而得到的。假定利润为零,单位面积土地的最大可支付租金为

$$\pi_m = (p - td) - iK_m - rS_m = 0 \qquad (2-5)$$

重新整理后得到

$$r = \frac{(p - td) - iK_m}{S_m} \qquad (2-6)$$

租金和距离的关系可以通过对式(2-7)进行求导得出

$$\frac{\partial r}{\partial d} = -\frac{1}{S_m}\left(t + \frac{\partial t}{\partial d}d\right) \qquad (2-7)$$

如果运费率是常数,则 $\dfrac{\partial t}{\partial d}=0$,从而得出租金与距离的梯度曲线为

$$\frac{\partial r}{\partial d}=-\frac{t}{S_m} \qquad\qquad (2-8)$$

从式(2-8)中可以看出,由于运费率和土地投入量是不变的,那租金与距离的关系是一条斜率为负的直线,如图2-4所示。

杜能系统地分析了农业生产布局,将特定区位的市场价格、运输成本和租金整合在一起。他认为在土地肥沃程度相等的条件下,由于农场距离城市远近的不同,农业的耕作和经营方式也不同,由此产生了级差地租。他提出以城市为中心,在其周边形成有规则的、界限明显的同心圈。在每个圈层中都有自己的主要产品和耕作方式,由内向外排序:第一圈层是自由农作区,主要生产蔬菜、水果、牛奶等农产品;第二圈层主要发展林业;第三、四、五圈层主要生产谷物,并采用不同的耕作方式,即谷物轮作制、谷物交替制、三田轮作制[①];第六圈层主要经营畜牧业。

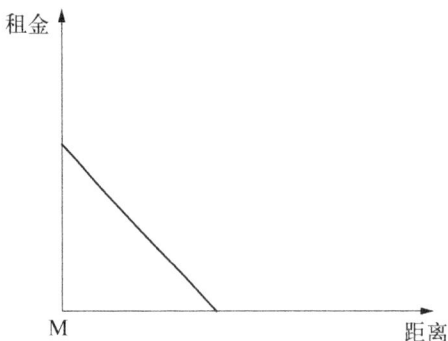

图 2-4　到市场 M 的距离与租金的关系

美国经济学家威廉·阿隆索(William Alonso),在杜能农业区位理论的基础上,提出了企业竞租理论。之后有许多学者改进了竞租模型,比如米尔斯(Mills)、穆特(Muth)和埃文斯(Evans)。竞租模型采用了杜能的基本方法,但有一个主要差异,即土地和非土地生产要素之间可以相互替代,也不考虑企业是生产农作物还是工业品。假设把产品运送到市场 M 会产生运输费用,随着距离的增加,企业愿意支付的租金会减少。在杜能模型中租金梯度是一条斜率为负的直线,而阿隆索的竞租曲线是斜率为负并且凸向原点 M。对于这一点,我们可以这样理解:假定非土地投入要素的价格不变、与距离无关,那么随着到 M 距离的增加,相对于非土地要素来说,土地价格肯定会下降。当企业离市场 M

① 三圃制是一种典型的西方农庄轮耕制度,又称"三田制"。耕地分为春耕、秋耕、休闲三部分,轮流用于春播、秋播、休闲。

越远,会偏好用土地投入来替代非土地要素投入;或者说,随着企业向市场 M 靠近,土地价格上升,企业会倾向于用非土地要素投入替代土地投入。和杜能模型一样,竞租曲线的斜率为 $-t/S$,但主要区别在于竞租曲线中的土地面积 S 是不确定的,随着距离的增加而增加。假设运费率 t 是常数,那么竞租曲线的斜率会越来越小,如图 2-5 所示。

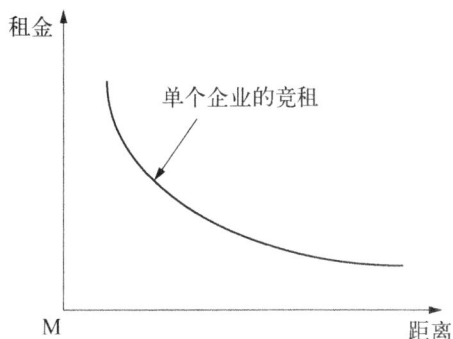

图 2-5　企业竞租曲线

在任何一个城市里都存在土地资源的竞争,也就是说,生产活动将根据支付土地租金的能力来竞争城市内的土地。假设城市里只有服务业、制造业和零售业三种生产活动,又假设这三个行业的生产技术是不同的,但每个行业内部的所有企业的生产技术、产量和产品价值都是一样的,这样,就可以根据这三种类型的企业来分析城市经济(菲利普·麦肯恩,2010)。例如,服务业对市场可达性具有更大的偏好,而零售业为了容易进入城市间公路和铁路网络,偏好城市边缘的交通可达性。制造业的竞租曲线会比服务业的平缓一些,但比零售业陡一些,如图 2-6 所示。

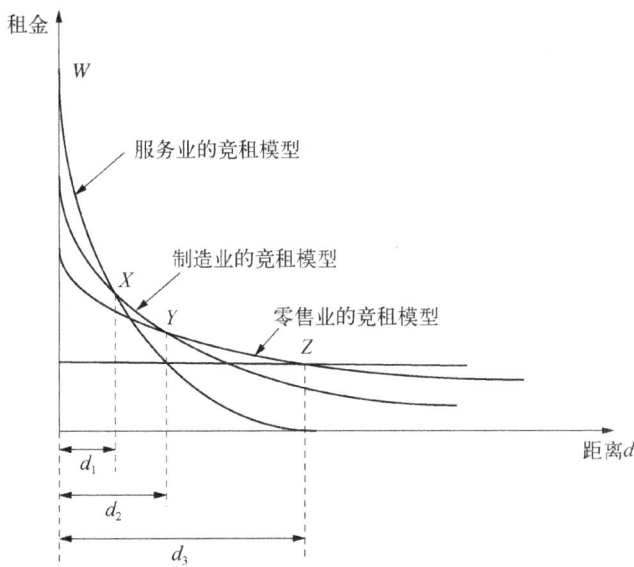

图 2-6　不同行业的竞租曲线

　　根据上述假设,从图 2-6 中可以看出,服务业主要占据了市区土地,即 M 与服务业边缘的距离为 d_1;制造业主要占据城市中心的周围地域,在 d_1 和其边缘 d_2 之间;零售业主要占据市郊,在 d_2 和 d_3 之间。与距离相关的实际城市土地租金梯度曲线可以由三条竞租曲线的包络线得出,用 $WXYZ$ 表示。

　　杜能和阿隆索的模型都是假定城市是单一中心,但在现实中,大城市可能有许多能成为当地商业和商务活动中心的城市副中心,在这些副中心附近的租金价格可能会上升。尽管城市副中心的形成使土地价格与区位的计算变得更为复杂,但离市中心越远,土地租金越低的现象仍然成立。从图 2-7 中可以看出,城市的土地价格主要由城市中主要的商业中心决定,只有紧邻副中心的土地价格由副中心附近的需求来决定。

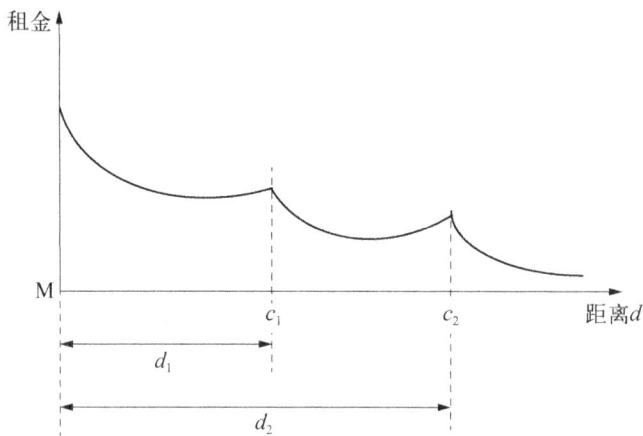

图 2-7　多中心城市

　　杜能、阿隆索等人主要研究了到市中心距离与地租之间的关系,却没有明确指出到市中心距离与土地产出效率之间的关系。虽然古典经济学认为土地是重要的生产要素,其生产函数用 $Y = f(L, K, N)$ 来表达,其中 L 表示土地,但之后土地的重要性逐渐减弱。到 20 世纪中后期,土地作为生产要素几乎完全从生产函数中消失了,生产要素从土地转向资本和劳动力(Hubacek & Van den Bergh,2002)。有关工业生产率空间差异的研究,也主要集中于劳动生产率。Moonmaw(1983)归纳了工业生产率空间差异的来源,他假设工业混合效应已受到控制,一个区域比另一个区域拥有效率更高的产业,主要是因为该区域具有更高的资本劳动率、更新的技术、更新的资本存量、更高的劳动力技术水平以及地方经济和城市经济的作用。因此,虽然有关工业用地土地生产率的研究很少,但可以从杜能地租区位理论的扩展中推导出到市中心距离与土地产出效率的关系。

Katzman(1974)通过对杜能理论的数学推导证实了到市中心的距离对土地产出效率的影响。假设在肥沃程度一样的平原上进行生产活动,在那里只有一个市中心。这些农作物必须运到市场上才能销售。为了简化问题,假设在一个区域内的需求曲线是无限弹性的,并假设CD生产函数的规模报酬不变

$$Q = AT^a N^b K^c \qquad\qquad (2-9)$$

其中,$a+b+c=1$,T 表示土地,N 表示劳动力,K 表示资本。生产者追求利润最大化,要素价格等于边际产品收益。假设工资 w 和资本利率 i 是外生的,而土地租金 r 是随位置而变化的,是内生决定的。通过利润最大化得到式(2-10)(具体推导过程见附录1):

$$\ln\left(\frac{Q}{T}\right)_k = C_4 + \frac{(b+c)\ln P_0}{a} - \frac{(b+c)gk}{a} \qquad (2-10)$$

式(2-10)中,C_4 表示常数项,k 表示到市场的距离,P_0 表示市场价格。可见,离市中心越远(即 k 越大),土地产出效率越小。虽然上述分析是针对农业用地的,但对于工业用地来说也同样适用。

将上述结论与阿隆索的竞租理论相结合,工业用地所处区位的租金应该与工业用地的土地产出效率相一致。也就是说,根据竞租理论,由于服务业的土地产出效率要明显高于制造业,所以服务业占据了靠近市中心的区域。如果工业位于高租金的城市中心地区,而又无法达到较高的土地产出效率,即租金与土地产出效率不一致,则会导致效率的损失。

2.2.2.3　区位因素对工业用地价格的影响

上述分析只关注了到市中心距离远近对地租的影响,然而在现实中,影响工业用地价格的区位因素还包括是否靠近主要交通枢纽。这可以从工业用地价格影响因素的实证研究中得到证实。

Hoag(1980)研究关于工业不动产价值和报酬的指数。该研究检验了产权特征的重要性,国家和区域的经济指标和区位变量。区位变量对工业不动产价值的

影响在统计上是显著的,但该研究并没有解释这个变量是怎样衡量的,而且在最终的模型中保留了经济指标,删除了区位变量。Kowalski & Paraskevopoulos (1990)利用 1975—1985 年间美国底特律工业区实际交易工业用地价格的数据,分析不同因素对地价的影响。其中,区位因素选取的是到市中心的距离(或者是到市场副中心的距离),是否看得见高速公路,是否在工业园区内。结果显示,是否看得见高速公路、是否在工业园区内对工业用地价格的影响是显著正相关的。Ambrose(1990)利用 1986—1987 年间美国北亚特兰大轻工业(仓储业)不动产询问价格数据,分析结果显示,75%的工业不动产询问价格是由工业不动产物理特征所决定的,包括工业不动产的面积、可供办公用面积、坞高入口数、铁路;然而,自动喷水系统、建筑物的年龄及天花板高度等因素对询问价格影响不大。该论文只关注了工业不动产的物理特征,而忽略了区位影响。他认为,数据主要集中在亚特兰大的中心城区,所以不存在区位偏差。Fehribach et al. (1993)认识到上述研究的缺陷,加入了区位变量。他利用 1987—1991 年美国达拉斯/沃斯堡地区实际工业不动产交易数据及其他二手数据,研究物理特性、经济财政指标和区位因素对工业用地价格的影响。两个主要的区位因素是不动产是否位于郡内和离主要机场的距离。研究结果显示,这些区位因素和其他物理、经济变量都是统计上显著的。Lockwood & Rutterford(1996)研究了工业不动产的物理特性、国家市场条件、地方市场条件、利息率和区位变量对地价的影响。该论文增加了衡量区位因素的变量,包括离市中心的距离,离机场的距离,离最近的主干道的距离,以及离铁路的距离。结果显示,地方市场条件、物理特征和区位因素是工业产权的主要价值来源。但是,区位变量中的离市中心距离是不显著的。Buttimer et al. (1997)分析了工业仓库租金的决定因素,自变量采用物理特征、位置和市场条件。与Lockwood & Rutterford(1996)的研究相比,区位因素没有用到某个重要地点的距离来衡量,而是用 45 个虚拟变量来表示分市场的位置。结论再次强调了之前的研究,租金受到物理特征、区位和市场条件的显著影响。Jackson(2002)采用特征价格模型来研究污染对加利福尼亚南部的工业产权销售价格的影响。自变量与之前的研究类似,区位特征是通过一系列的虚拟变量来衡量的,再次证明物理变量、出售日期和区位对土地价值有显著影响。Dunse et al. (2005)研究了 1994—1998 年苏格兰城市格拉斯哥的 429 个工业用地,分析不同因素对地价的影响。其中,区位变量包括到中央商务区(CBD)的直线距离,到最近的高速公路的距离(在 2.4 公里以内),以及虚拟变量(在克莱德河北部为 1,南部为 0)。Saz-Salazar & Garcia-Menedez(2005)利用西班牙巴伦西亚自治区 343个工业用地实际交易价格资料,数据分析结果显示区位因素(即距高速公路的距离、离城市商业中心的距离、距政务中心的距离)是工业土地价值的重要影响因素。

以上文献都采用特征价格法,分析了不同因素对工业用地价格的影响,其中,区位因素对工业用地价格都有显著影响。较为常用的区位变量有到 CBD 的距离、到主要机场的距离、到火车站的距离、到最近的高速公路的距离。也就是说,区位因素不仅仅是指到市中心的距离,还包括到主要交通枢纽的距离。

2.2.3　有利于企业对区位的选择

适合工业发展的区位也应该是工业企业偏好选择的区位,因此下文将对区位理论进行梳理,了解企业在选择工业园区时会考虑哪些区位因素。

2.2.3.1　地租区位理论关注到市中心的距离

李嘉图、杜能、龙赫德(Launhardt)、韦伯(Weber)等是古典区位理论的创立者,他们的区位理论是从 19 世纪传统经济学中产生的(McCann & Sherppard,2003)。古典区位理论可以分为两类:一是李嘉图—杜能的地租区位理论;二是龙赫德—韦伯的工业区位理论。

由于上文已提及地租区位理论,这里不再赘述。总的来说,李嘉图认为级差地租产生的条件有二:一是土地数量有限,二是土地的肥沃程度与位置的差别。他强调了地租的大小取决于土地质量的差别。杜能扩展了李嘉图的研究,他认为土地的差异并不在于其质量的差别,而在于不同区位的土地差异。他指出,离市中心距离越近,运输费用就越低,地租也就越高,即地租与到市中心的距离之间的关系是一条斜率为负的直线。而阿隆宇等人在要素替代的框架下重新解释了杜能的区位理论,提出了企业竞租模型,并指出地租与到市中心的距离是一条斜率为负并凸向原点的曲线。

2.2.3.2　工业区位理论关注运输成本与劳动力成本

古典区位理论的第二类,即龙赫德—韦伯的工业区位理论。他们认为区位问题主要是运输问题。这里所关注的成本最小化问题是从生产地到市场，为了生产和运输一定数量的产品，要考虑到要素在传递过程中所涉及的运输成本。

龙赫德用"区位三角形"的分析方法（见图 2-8），来探讨工业是如何发现运输成本最低的区位的。他在 1882 年发表了《工业合理区位的确定》，主要假定如下：假设企业追求的目标是利润最大化，企业消耗两种投入品以生产一种产品。给定投入品 1 和 2 的产地为 M_1 和 M_2，产出品 3 的销售地为 M_3，K 为企业的区位。投入品 1 和 2 的每吨价格分别为 p_1 和 p_2，产出品 3 的每吨价格为 p_3；投入品 1 和

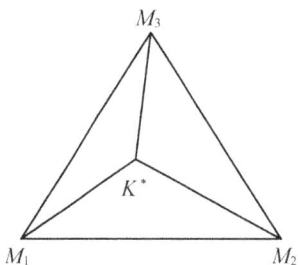

图 2-8　龙赫德的"区位三角形"

2 的重量（吨）为 m_1 和 m_2，产出品 3 的重量（吨）为 m_3。运费率（每公里每吨的成本）分别为 t_1、t_2、t_3。距离 d_1、d_2、d_3 是指企业到投入品 1 和 2 产地的距离，以及企业到产出品 3 的销售地的距离。假定所有投入品和产出品的价格都是由外因决定的，而且生产要素的价格不随空间而变化，那么确保企业获得最大利润的点就是能够使总投入和产出的运输成本最低的地点 K^*，即 $\mathrm{TC} = \min \sum_{i=1}^{3} m_i t_i d_i$。

韦伯试图寻找工业区位移动的规律，分析了各个影响工业区位的因素及其作用的大小。其理论假定如下（陈振汉和厉以宁，1982）：

第一，只讨论影响工业区位的经济因素，而假定实际因素（如政策、政治制度、民族、气候、技术发展差别等）不起作用。他把影响工业区位的经济因素称为区位因素。简言之，区位因素就是影响工业生产活动在甲处进行而不在乙处进行的经济上的因素。

第二，他把影响工业区位的经济因素（区位因素）分为两类：一是区域因素，是指影响工业分布于各个区域的因素，也就是形成工业区域概貌的因素；二是位置因素，是指促使工业集中于某几个地方而并非另外一些地方的因素。在区域因素和位置因素中，再分别分出普通因素和特殊因素。普通因素是指对一般工业都有影响的因素，如运输成本、工资、租金等。特殊因素是指对特定的工业有影响的因素，如制造过程中需要一定湿度的空气或一定纯度的水等。韦伯探讨的主要是区域因素中的普通因素。

第三，构成区域因素的，主要是成本项目。韦伯认为一般有以下 7 个重要的

成本项目：地价；厂房、机器设备和其他固定资本的费用；原料、动力和燃料的成本；运输成本；工资；利息；固定资本折旧。但韦伯认为，这 7 个成本项目中，只有第三项（原料、动力和燃料成本）、第四项（运输成本）、第五项（工资）是区域因素的普通因素，其余各项都不是。这是因为地价主要对农业区位有影响，而对工业区位影响不大；厂房、机器设备和其他固定资本的费用对工业区位的影响也不大，建厂所花费的这些费用不会因区位不同而有重大变化；关于利息，韦伯假定的是经济得到均衡发展的社会，利息率没有什么差异；固定资本折旧一般不因区位不同而变更；至于各地气候差异而使机器使用的寿命有长有短，则被认为是特殊因素，而非普通因素。

第四，在上述区域因素的普通因素中，韦伯认为实际上起作用的只有运输成本和工资两项。原料、动力和燃料成本的差别可以归因于运输费用的差别和各地产品价格的差别，而各地区产品价格的差别可以看成运输费用的差别。

第五，假定原料的所在地是已知的，产品的消费地点与范围是已知的；假定劳动力没有流动性；假定每一个有可能发展工业的地区，有一定的劳动力供给地；假定每类工业的工资率是固定的，在这个工资率之下，劳动力可以充分供给。

韦伯采用了龙赫德的区位三角形得出了相同的结论，即确保企业获得最大利润的点就是能够使总投入和产出的运输成本最低的区位。他还指出，除了运输成本外，工资成本也会对工业区位产生影响。他使用了等差费用曲线，分析了两地地区工资成本差别与运输成本差别之间的替代关系。以运费来说，如果以某地为中心，可以找出到达该地的运费相等的各点，连接这些地点的轨迹，就是一种等高运费曲线 A、B、C，如图 2-9 所示。任何一个工资成本较低的地区，总是处在某一条以该地为中心的等高费用曲线上。从曲线的位置，可以看出放弃原来运费最低的区位，迁至工资较低的区位而需要增加的运费情况。在这些曲线中，有一条曲线最重要，韦伯称其为等差费用曲线。在这条曲线上，所增加的每

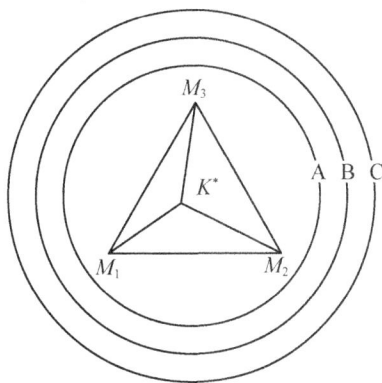

图 2-9 韦伯的等运费曲线

吨成品的运费与所节省的每吨成品工资成本恰好相等。因此,如果迁厂后的新地点在这条曲线之内,表示所节省的工资成本大于所增加的运费,在这种情况下,迁厂是适宜的;如果新地点在这条曲线之外,则不宜迁厂。

伊萨德(Isard)在 1956 年出版的《区位与空间经济》一书中运用替代原理分析区位均衡,主要目的是要阐述根据替代原理分析企业家在做决策时如何组合各种不同生产要素的成本。韦伯模型假定每一次投入消耗的数量 m_1 和 m_2 与每单位生产的产出 m_3 是确定的。Moses(1958)在伊萨德研究的基础上,将替代性融入韦伯的分析中,分析替代行为如何影响企业区位的选择。继摩西(Moses)之后的相关研究还有 Miller & Jensen(1978)和 Eswaran et al. (1981)等。

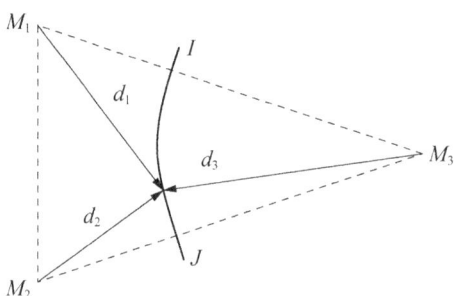

图 2-10 韦伯-摩西三角形

在图 2-10 中,在三角形 $M_1M_2M_3$ 中画一条弧线 IJ,它距离市场 M_3 的不变距离为 d_3。如果假设企业的区位在这条弧线上,那么企业 K 的区位和市场 M_3 的距离就不是可变的。因此,只有通过在 M_1 和 M_2 的投入品的交付价格,才可以分析企业变化的区位拉力(菲利普·麦肯恩,2010)。

根据图 2-10,如果企业在 I 区位上,投入品 1 的交付价格($p_1+t_1d_1$)是最小值,投入品 2 的交付价格($p_2+t_2d_2$)是最大值。同样,企业在 J 区位上,投入品 1 的交付价格($p_1+t_1d_1$)是最大值,投入品 2 的交付价格($p_2+t_2d_2$)是最小值。因此,交付价格比率($p_1+t_1d_1$)/($p_2+t_2d_2$)在区位 J 将会有最大值。微观经济学中,最佳的投入组合是通过最高等产量线和预算约束线的切点来决定的,预算约束线的斜率是由商品的相对价格决定的。据此可以画出在 I 和 J 区位处的预算约束曲线(见图 2-11)。

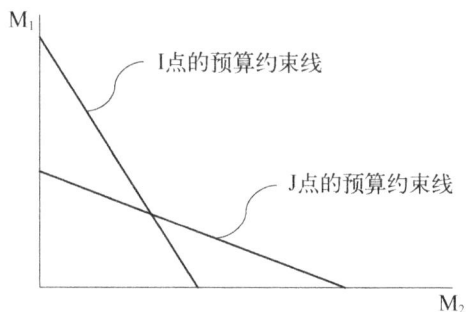

图 2-11 点 I 和 J 的预算约束线

不同区位有不同的交付价格比率,这表明弧线 IJ 在任意区位上预算约束线的斜率是不同的。随着从弧线 I 端移向 J 端,交付价格比率增大,因此,预算约束线斜率的区位效应可以用外包络线来表示(见图 2-12)。

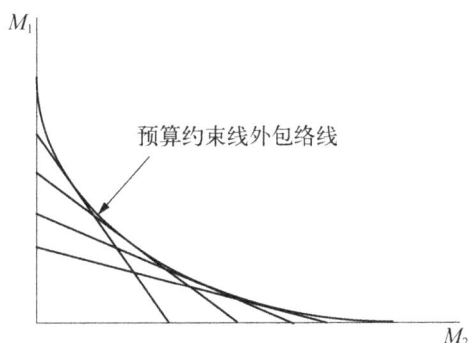

图 2-12 预算约束线外包络线

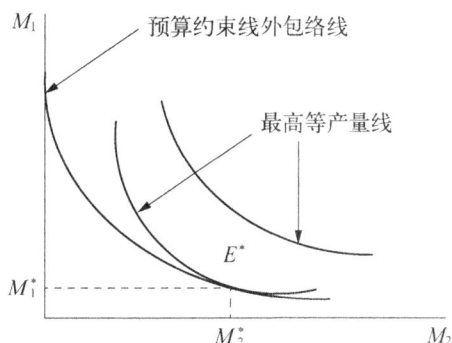

图 2-13 区位—生产的最佳点

摩西认为,可以通过预算约束线外包络线与可实现的最高等产量曲线的切点,得到最高效率点 E^*。从图 2-13 中可以看出,在 E^* 点,最佳投入组合由 M_1^* 和 M_2^* 构成,而且 E^* 也代表了一个最佳区位 K^*。

古典区位理论主要关注的是生产过程的本质和特征,所关注的根本问题是要素投入是如何转化成产品的。古典区位理论认为,土地作为生产要素起到了重要作用。在杜能的分析框架中,土地和非土地投入被视为投入组合;在龙赫德—韦伯的分析框架下,劳动力投入和土地被视为投入组合。古典区位理论用固定系数生产函数来分析问题,投入与产出之间的关系、投入与投入之间的关系是固定的。并没有包括要素替代的概念,因为这些概念本身是在 19 世纪后期逐渐产生的(Blaug,1968)。而新古典区位理论与古典区位理论的主要区别在于考虑了生产要素的替代性。

2.2.3.3　市场区位理论关注市场空间竞争与市场需求

古典区位理论和新古典区位理论是从利润最大化的角度来分析影响企业区位决策的因素,包括到市中心的距离、运输成本、劳动力成本等,这些分析都假定市场位置是给定的,即市场区位是空间中的一个点。而市场区位理论考虑到企业行为模型中的地理位置和空间,对市场区域的空间性质进行研究。该理论起源于 20 世纪初,霍特林(Hotelling)和帕兰德(Palander)为市场区域模型奠定了基础。

由于空间人口密度的不同,不同空间收入分配的不同,以及消费者品位的区域差异导致的空间消费需求不同,使得市场区域会经常随着空间发生变化。另外,即使人口密度、收入分配、消费需求在空间上没有差异,由于地理位置和空间可以让企业获得垄断力量,这就激励了企业为获得这种垄断力量而展开空间竞争。这可以用帕兰德的方法来解释这种情况。

在图 2-14 中,有两家企业分别位于 A 和 B 的位置,这两家企业位于同一维度的市场区域(即 OL)。假定这两家企业生产同质产品,位于 A 位置企业的生产成本 p_a 可以用垂直距离 a 表示,位于 B 位置企业的生产成本 p_b 可以用垂直距离 b 表示。我们可以看到,企业 A 比企业 B 的效率更高。当企业的位置向任何一个方向移动时,每个企业所面临的运输成本都由运费率函数的斜率来表示。这里,假设两个企业的运费率是相同的,即 $t_a = t_b$。任何一个与企业 A 距离为 d_a 的区位,商品的交付价格为 $p_a + t_a d_a$;同样,任何一个与企业 B 距离为 d_b 的区位,商品的交付价格为 $p_b + t_b d_b$。

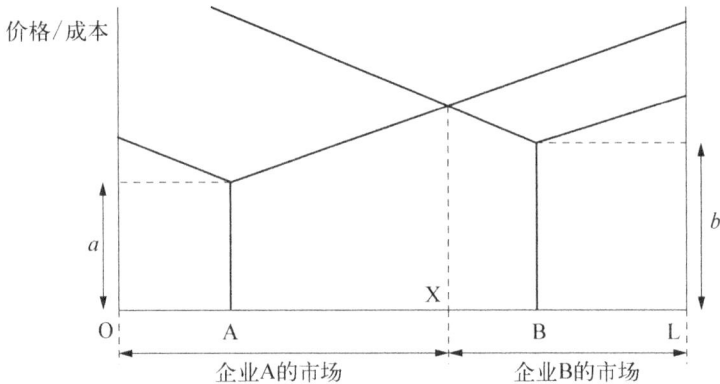

图 2-14 空间市场区域:等运费率

假设消费者均匀分布在直线 OL 上,又假设理性的消费者会从特定区位中提供最低交付价格的企业处购买商品,那么整个市场区域将被划分为 OX 和 XL 两部分。这是因为在 O 和 X 之间,企业 A 的交付价格总是比企业 B 低;而在 X 和 L 之间,企业 B 的交付价格总是比企业 A 低。虽然企业 A 的效率高于企业

B,并且两个企业生产同样的产品,但企业 A 仍然没有占领全部市场。这主要是因为区位使得每个企业对其周围地区有一定的垄断力量。这种分析方法同样可以用于企业之间存在不同的运费率以及不同的生产成本的情况。从图 2-15 中可以看出,不同运费率和生产成本在企业之间的变化情况,市场区域会有不同的划分方式。通常企业的生产成本和运费率越低,企业的市场区域就越大。只有在运费率为零的情况下,一个足够低的生产价格才能使一个企业占领全部市场。由于运输成本的存在,使得每个企业在特定市场区域内有一定的垄断力量,这就允许了像企业 B 那样低效率的企业存活。

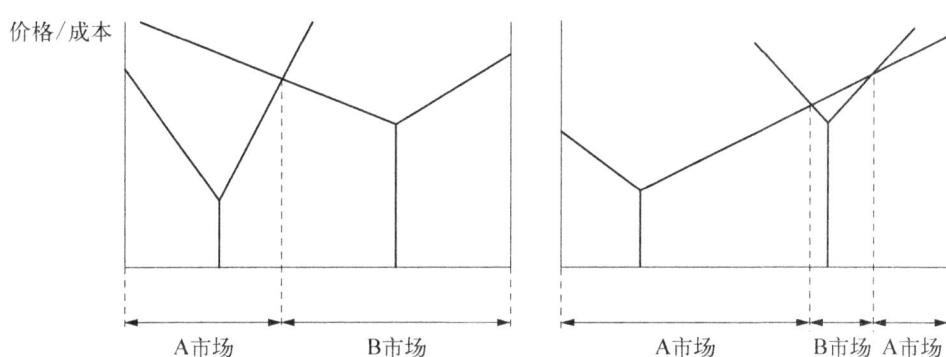

图 2-15 空间市场区域:可变费率和生产成本

企业把空间区位作为获取更多垄断力量的有力武器,这对于从事非价格竞争(如从事产品质量竞争的工业企业)来说尤为重要。在寡头垄断的竞争环境下,区位因素和定价策略的影响,导致了企业间在决定产出量和市场份额上的相互依赖。最简单的解释就是霍特林模型(Hotelling,1929),该模型描述了在区位博弈下的企业空间依存关系。

假设企业 A 和企业 B 的生产成本和运费率都相同,即 $p_a = p_b$,$t_a = t_b$,并假定这些价格不变。假定消费者均匀地分布在 OL 线上并且消费者的需求是完全无弹性的,这样,消费者在单位时间段内消费的数量与价格无关。由于企业不能在产品价格方面相互竞争(价格是固定的),企业只能通过调整自身的区位来获得更大的市场份额。

图 2-16 中,假设企业 A 和企业 B 最初设在市场的 1/4(即 A 点)和 3/4(即 B 点)处,它们分别拥有 OX 范围和 XL 范围的垄断力量。在这种情况下,两个

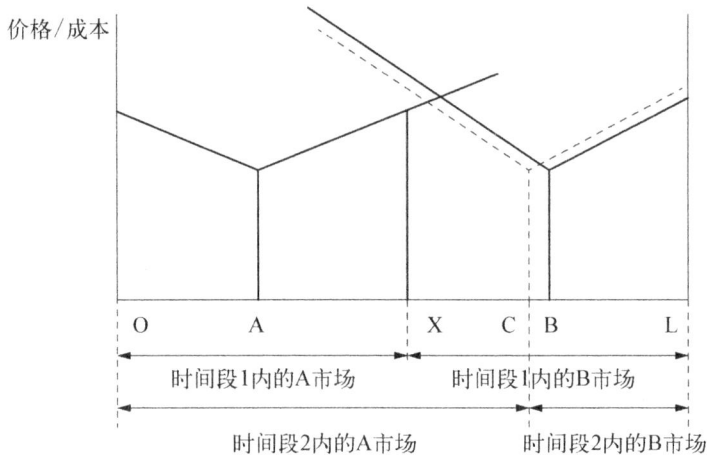

图 2 - 16　霍特林区位博弈

企业拥有相同的市场份额。在时间段 1 内,企业 A 将从它最初的位置移到位于企业 B 左侧的 C 点。这样,企业 A 的市场份额从 OX 扩大到 OC,企业 B 保持其 BL 范围的市场份额,但其市场份额正处于最低。企业 B 假定企业 A 在其位置 C 不变,在时间段 2 内,企业 B 将迁移到 C 点的左侧。在时间段 3 内,企业 A 又迁到企业 B 的左侧,直到两家企业都位于在市场中间的 X 处,这个过程才会停止。当两家企业都位于 X 位置时,它们都没有动力再去改变其位置,即达到纳什均衡。因此,一旦企业达到该点,它们就不再继续迁移,这就是霍特林模型的结果。霍特林结果只有在企业不进行价格竞争时才存在。一旦企业有进行价格竞争的可能,霍特林结果就不存在(d'Aspremont et al.,1979)。在图 2 - 17 中,我们可以考虑这种情况:在时间段 1 内,当两家企业都处在位置 X 时,企业 A 略微降低其产品价格,就会在时间段 2 内获得所有的市场份额;之后,企业 B 假设企业 A 将保持在 X 处的位置不变,在时间段 3 内,企业 B 也降低其产品价格,且低于企业 A 的价格,于是企业 B 就获得了所有的市场份额。这个过程会继续下去直至纳什均衡,即两个企业都以零利润而告终,同时它们仍处于 X 处。

如果生产成本不为零,那么协同定位(co-location)竞争的长期结果是使价格下降到边际生产成本。然而,在霍特林模型中,企业将区位作为一种手段来获得一定比例市场份额的垄断力量。当企业的局部垄断力量越大,它们使用价格竞争手段来增加额外收入的可能性就越大。

价格/成本

| O | X | L |

时间段1内的A市场　　　时间段1内的B市场

A企业降低价格后时间段2内的A市场

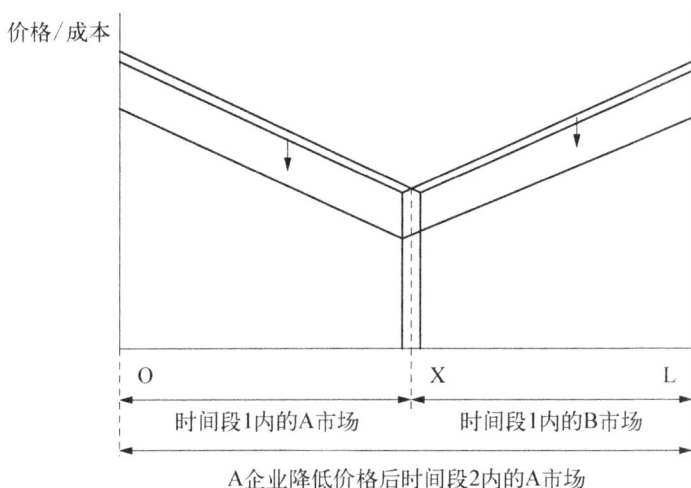

图 2 - 17　霍特林结果的价格竞争影响

霍特林得出了重要结论:对于生产相同类型产品、从事非价格竞争的企业来说,市场的空间竞争促使它们的区位邻近。另一方面,对于生产几乎相同产品的企业,非价格竞争很难进行,并且对于没有信息问题的企业而言,空间竞争将促使它们不会集聚在一起。

市场区域分析是基于企业为了获得局部市场垄断力量而进行空间竞争。另外,市场范围也可以通过市场需求来确定。

阿格斯特·勒施(August Losch)于1944年出版了《区位经济学》,并形成勒施的市场区位理论。其相关假设如下:假定土地是同质的,且向每个方向运输的可能性相同;假定消费者在空间上是均匀分布的;假定对于单个企业的产品需求具有价格弹性,即当企业产品的交付价格随着运输距离的增加,产品的需求量下降。勒施认为,每个企业都有其产品的市场范围,如果企业位于生产点 K,距离 D 表示企业市场范围边界的半径,因此,企业的圆形市场范围为 πD^2,所以单个企业的产品总销售额是需求曲线在圆形市场范围旋转形成的圆锥体,如图 2 - 18 所示。随着更多企业的加入,每个企业都有自己的市场范围,由此形成了圆外空档,即圆外有很多潜在的消费者不能得到市场的供给,但这是短期的。因为通过自由竞争,每个企业都想扩大自己的市场范围,因此,圆与圆之间的空档被新的竞争者所占领。如果假定竞争导致所有的土地被同质企业占据,那么空间经济会呈现出由六边形组成的蜂巢结构。在这个空间经济体中,存在着最大数量的相互竞争的供应方,因而整个区域内商品的平均交付价格可以达到最小。在勒施的分析框架下,这种六边形的空间分布模式就是单个产业的理想分布。

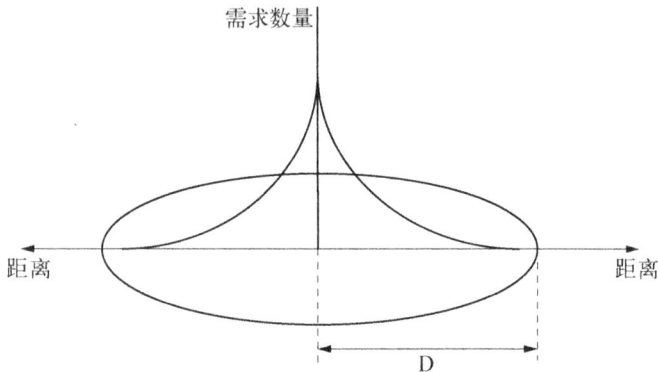

图 2 - 18　施勒框架下的企业市场范围

2.2.3.4　制度区位理论关注政策因素

古典区位理论和新古典区位理论主要考虑土地成本、运输成本、劳动力成本对企业区位选择的影响,而忽略了制度因素。Hayter(1997)将区位理论分为三类:新古典区位理论、行为区位理论[①]和制度区位理论。制度区位理论指出,在区位选择过程中不仅要考虑企业自身情况,而且也要考虑该区位的制度环境,如顾客、供应商、工会、政府和其他企业。这里主要考虑政府政策对企业区位选择的影响。20 世纪 50 年代以后,随着西方国家对经济稳定和增长的日益关注,政府对经济的干预和调节的加强,区域经济政策的实行及其对工业区位趋势的效应,成为工业区位研究的一个新领域。劳斯贝(B. J. Loasby)、巴利·摩尔(Barry Moore)、约翰·罗德斯(John Rhodes)等人对英国区域经济政策效应进行了研究。他们认为,要改变英国各地区之间收入分配格局和国内资源配置状况,政策调节十分重要。而对工业区位选择的区域经济政策中,最重要的包括以下几项:投资补贴(税收优惠)、移民鼓励、就业补贴、教育经费增加和扩大地方市场等。

另外,区域政策最普遍的类型是供应学派政策,即通过提升当地生产要素的

---

① 新古典区位理论建立在利润最大化或成本最小化的基础上,由理性的和完全信息的企业选择最优区位,而且区位选择是无须付出代价的。而行为区位理论主要是对此假设进行批判,提出了有限理性、冲突的目标和搬迁费用。

投入质量,来提高当地的投资环境(菲利普·麦肯恩,2010)。在一个跨区域的经济体中,资本和劳动力是流动的,唯一特殊的当地生产要素投入是当地的原材料投入、土地和基础建设投入。区域政策很少采用直接降低当地土地投入成本的方法。假设原材料的分布是不受政策干预的,区域政策的重点将集中在增加当地基础设施投入的质量和种类上;而在这种情况下,主要关注的是提高当地运输的基础设施的质量(Vickerman,1991)。这些政策的预期效果主要是降低进入该地区的成本,鼓励更多的企业到该区域投资。

2.2.3.5　集聚经济

企业在选择区位时还会考虑集聚所带来的收益和成本的减少。第一个详细论述集聚经济这一现象来源的是阿尔弗雷德·马歇尔(Alfred Marshall)。在马歇尔的模型中,这些被理解为外部经济,与单个企业无关,但却是同一地区的所有企业共同引起的。Marshall(1920)观察到同一地区的产业集聚可以延续,这意味着集聚中的企业能够实现规模经济递增。在这种情况下,集中区域大规模的投资会导致土地价格和劳动力价格的上升,但这些要素价格的上升由于企业效率的提高而得到足够的补偿,进一步提高了企业的盈利能力。马歇尔给出了企业实现规模经济的三个原因,即信息溢出、非交易性局部要素投入和专业劳动力市场共享(McCann,2001)。信息溢出是指如果相同产业的许多企业集中在同一地区,有利于快速地获得一些信息,如新产品、人员流动、技术、市场趋势等,在信息交换和共享的过程中更为全面地了解市场环境,从而提升企业的竞争能力。非交易性局部要素投入可以分为两类:第一类是专业服务,第二类是当地的专业基础设施。而且这种非交易性要素投入的成本是随着集聚企业数量的增加而下降的。专业化劳动力的市场共享,使得企业减少了劳动力获取成本。这可以从以下两方面理解。一方面,企业需要充足的劳动力来应对市场形势。如果市场需求情况迅速改善,企业会希望增加劳动力投入,因而需要经历一个搜寻工人的过程。企业的集聚使得劳动力搜寻成本降低了。另一方面,在许多行业,工人需要专门的课程和指导才能正确地完成工作,因此,员工培训和获取技能的成本非常高。同时,培训员工所花费时间的机会成本也非常高。对于技能获取成本很高的行业,或者由于迅速变化的市场情况使得时间的机会成本很高的行业来说,当地的专业化劳动力共享将会有很多好处。可见,信息溢出、非交易性局部要素投入和专业劳动力共享是企业集聚的主要原因,也是集聚的有利之处,能促进区位经济①。但集聚并不是无限制的,之前也提到当产业集聚到一定程度后,生产要素开始向外扩散。其主要原因是集聚不经济所带来的问题,如产品和劳动力市场的激烈竞争、土地价格上升、拥挤、环境污染等。

之前的区位理论主要是假设规模报酬不变和完全竞争的条件下来研究企业区位选址问题。从20世纪90年代初开始,以克鲁格曼(Krugman)、藤田(Fujita)为代表的新经济地理学派(New Economic Geography)利用迪克斯特(Dixit)与斯蒂格利茨(Stiglitz)建立的垄断竞争模型,并借助萨缪尔森的"冰山"原理及后来的博弈论和计算机技术等分析工具,把区位因素纳入西方主流经济学的分析框架,使区位理论在不完全竞争和规模报酬递增的框架下获得新发展(陈文福,2004)。克鲁格曼(1991)的研究表明,在规模收益递增和运输成本的交互作用下,制造业企业更倾向于选择在市场需求大的区域和城市。

2.2.3.6 小结

区位理论主要是分析不同因素对企业区位选择的影响。有关区位理论的研究可以追溯到19世纪,杜能较为系统地分析了运输成本对土地租金的影响,离城市中心越近,土地价格越高(即租金与距离的关系是一条斜率为负的直线),并以城市为中心形成了"杜能圈",不同圈层内生产不同的农产品和采用不同的耕作方式。之后,阿隆索在杜能模型的基础上,考虑了要素替代性,指出土地租金与到市中心距离之间的关系是一条斜率为负、凸向原点的曲线。他还提出了在最大租金支付原则下,城市中不同行业的竞租曲线。从19世纪后期发展起来的工业区位理论,最早是由韦伯较为系统地进行描述的。韦伯在龙赫德提出的"区位三角形"的基础上,分析了运输成本对工业企业区位选择的影响,并提出了等运费曲线用来分析劳动力成本对企业区位选择的影响。除此之外,韦伯还提到了集聚因素会给企业带来利益、减少成本,而企业过度集中于某个区域也会带来不利影响(如地租的上升等),但他并没有详细分析企业集聚的原因。摩西发展

---

① 为了描述任何特定地区集聚经济的本质特征,经济学家通常采用Ohlin(1933)和Hoover(1937,1948)提出的分类标准,该标准将集聚经济分为三类:内部规模经济、区位经济和城市经济。区位经济是指相同产业部门的企业集中在同一地区所产生的集聚经济。在胡佛的分类中,内部规模经济是单个企业的集聚经济,区位经济是单个产业的集聚经济,而城市经济是单个城市的集聚经济。

了韦伯区位理论,指出生产要素之间是可变的而不是固定的,在此基础上分析了运输成本对企业区位选择的影响。杜能、阿隆索、韦伯、摩西等的区位理论假设市场位置和市场价格是给定的,市场是用一个中心点来表示,而市场区位理论主要强调了企业为了获得更大的市场规模和市场需求而进行空间竞争,因此,区位因素还包括了市场规模、市场需求等市场因素。上述区位理论还假设在利润最大化或成本最小化的情况下,各项成本因素(土地成本、运输成本、劳动力成本)对企业区位选择的影响,而忽略了政策因素,如税收、财政补贴、激励企业投资的政策等会直接或间接影响企业的生产成本,这也是制度区位理论所强调的内容之一。另外,集聚经济是从 20 世纪发展起来的,马歇尔指出,在企业规模报酬不变的情况下,大量企业集中在某个地区所产生的外部经济,如信息溢出、专业劳动力市场的共享、专业服务和基础设施的投入等,促使企业实现规模经济递增;然而,当企业集聚到一定程度后会产生外部不经济,如产品和劳动力市场的激烈竞争、土地价格上升、拥挤、环境污染等。从 20 世纪 90 年代兴起的新经济地理学,是在不完全竞争和规模报酬递增的情况下,分析规模收益递增和运输成本的相互作用对企业集聚的影响。

本书主要关注的是在以利润最大化或成本最小化为目标、在完全信息和规模报酬不变的假定下,各种成本因素(运输成本、土地成本、劳动力成本)、政策因素、市场因素和集聚经济对企业区位选择的影响,因此,有关企业行为区位理论和新经济地理学的内容将不包含在本书的分析框架中。

3 企业区位选择的影响因素分析

上一章对区位理论进行了梳理,学者从不同角度分析了企业区位选择的影响因素:杜能、阿隆索等将区位因素理解为受到运输成本影响的土地租金的差异;韦伯、摩西等的工业区位理论将区位因素理解为运输成本、劳动力成本的影响;市场区位理论指出,企业为了获得更大的市场规模和市场需求而进行空间竞争;制度区位理论则强调制度、政策对生产成本的影响。另外,区位因素还包括集聚经济;产业的集聚会带来外部经济,有利于信息溢出、专业劳动力市场的共享、专业服务和基础设施的投入等。但企业区位选择的实证研究相对于理论研究来说起步较晚,实证研究是从 20 世纪 80 年代后兴起的,这与计量经济学的发展和数据的可获得性有关。本章将从企业区位选择的计量模型和影响因素两个方面梳理相关的研究进展,在此基础上选择合适的计量模型和变量,以上海市工业园区为例,分析各因素对 2007—2008 年上海市制造业企业区位选择的影响。

3.1 企业区位选择的实证研究进展

3.1.1 主要计量模型和方法

在企业区位选择的实证研究中,离散选择模型(discrete choice model,DCM)和计数数据模型(count data model,CDM)是基本的计量模型,各有其优点和缺点,为了能够深入了解这两类模型的特征,下文将分别介绍其统计特征。

3.1.1.1　离散选择模型(DCM)

企业区位选择的离散选择模型主要包括如下假设(Carlton，1983；Guimaraes et al.，2004)：第一，企业 $n(n=1，\cdots，N)$ 在固定的选项或地点的集合 J 中选择自己的区位；第二，选择一个特定的位置 $j=1，\cdots，J$，在该位置的企业可获得的利润为 $\prod_{nj}$；第三，当且仅当 $\prod_{nj} > \prod_{ni}$ 时，企业选择位置 j 优于位置 i；第四，研究者观察不到利润，但利润可以分解成系统的组成部分 π_{nj}，其函数为 $\pi_{nj} = \pi(x_j，w_n)$，这个函数取决于可选项 x_j 的属性、企业特征 w_n 以及随机组成部分 ε_n，随机部分的联合密度为 $f(\varepsilon_n) = f(\varepsilon_{n1}，\varepsilon_{n2}，\cdots，\varepsilon_{nJ})$。在这些假设下，工业区位选择的决定因素可以通过在其他条件不变的情况下，利润的系统组成部分中的因素发生变化对企业 n 选择位置 j 的概率 P_{nj} 的影响(McFadden，1974)。然而，为了有效地计算出选择概率的边际效应，则需要明确函数 $\pi(x_j，w_n)$ 和 $f(\varepsilon_n)$。

假设 $\pi(x_j，w_n)$ 与参数是线性关系，一般情况下定义 $\pi(x_j，w_n) = \theta' z_{nj}$，其中，$z_{nj} = \{x_j，w_n\}$，$\theta$ 是参数向量。而 $f(\varepsilon_n)$ 的表达式不同会导致不同形式的离散选择模型。在相关的实证研究中，假定 ε_n 的联合分布是多元极值分布中的某一类，其累积分布函数为 $F(\varepsilon_n) = \exp[-G(e^{-\varepsilon_{n1}}，e^{-\varepsilon_{n2}}，\cdots，e^{-\varepsilon_{nJ}})]$，属于多元极值分布中的哪一类型取决于 $G(.)$。这种离散分布模型被称为一般化极值模型(generalized extreme value models)。在企业区位选择的文献中，较为常用的是多项(条件)Logit 模型(multinomial conditional logit model)和巢式 Logit 模型(nested logit model)。

在多项(条件)Logit 模型中，假定随机组成部分 ε_{nj} 为独立同分布的。虽然当选择数量较多时会给计算带来不便，但边际效应却比较容易计算和解释。另一方面，多元(条件)Logit 模型的主要缺点在于独立无相关选项的假设(independence of the irrelevant alternatives assumptions，IIA)，即两个备选地的机会发生比率独立于第三备选地。因为任意两个地点 j 和 i 的概率比值，$P_{nj}/P_{ni} = e^{\theta' z_{nj}}/e^{\theta' z_{ni}}$，取决于这些地点的属性。Bartik(1985,1988)指出，这个假设对于企业区位选择是不合理的，因为有许多无法测量的属性会影响企业的利润，而这些属性又与地点相关。而 Carlton(1983)认为独立性假设并不是不合理，因为在实证研究中，区位在地理上具有一定的距离。其他使用该模型的文献并没有明确指出这个问题。

为了解决违反独立无关选项假设的问题,一些文献采用了巢式 Logit 模型(Hansen,1987;Henderson & Kuncoro,1996;Guimaraes et al.,1998;Basile et al.,2003)。假定将不同备选项分为 D_s 个不重叠的子集或巢($s=1,\cdots,S$)

$$G = \sum_s \left(\sum_{j \in D_s} \exp\left(\frac{\pi_{nj}}{\lambda_s}\right) \right)^{\lambda_s} \tag{3-1}$$

$$P_{nj} = \exp\left(\frac{\pi_{nj}}{\lambda_s}\right) \left\{ \left(\sum_{j \in D_s} \exp\left(\frac{\pi_{nj}}{\lambda_s}\right) \right)^{\lambda_s - 1} \right\} \left\{ \sum_s \left(\sum_{j \in D_s} \exp\left(\frac{\pi_{nj}}{\lambda_s}\right) \right)^{\lambda_s} \right\}^{-1} \tag{3-2}$$

其中,$0 \leqslant \lambda_s \leqslant 1$,而且每个 ε_{nj} 的边际分布是单变量极值。实际上,巢的最大数量是受到统计软件的限制的。如何定义巢也存在一定的问题,但这通常不是企业区位选择研究所关注的问题,因为数据是按照地理区域的行政区划(镇、县、省)来收集的,这就自然形成了巢式结构。关于替代性形式,假设在同一个巢中的备选项之间存在着常数相关性(用 $1-\lambda_s$ 来衡量),在其他巢的备选项中没有相关性。因此,在同一个巢中的备选项之间的独立无关选择的假设成立,但在不同巢之间假设不成立。如果在所有巢中的备选项都是独立的(即 $\lambda_s = 1 \forall s$),那么巢式 Logit 模型就变成多项 Logit 模型(McFadden,1978)。

3.1.1.2　计数数据模型(CDM)

企业区位选择的计数模型主要包括以下假设(Becker & Henderson,2000)。第一,存在潜在的企业供给,在给定的时间点,考虑位置 $j(j=1,\cdots,J)$ 的新进入企业。这个供给函数是随机的、无法观察到的,主要取决于区位特征 x_j 和给定时间内在这个区位新进入企业的数目 n_j。第二,存在着无法观察到的、随机的需求函数,主要取决于和供给函数一样的因素(x_j 和 n_j),再加上一些不影响供给函数的区位特征(i.e.,$x_j \subseteq z_j$)。第三,在特定时间段内某地点 j 的新进企业数目可以由供给和需求函数的交点得到。因此,存在一个均衡点,由简化形式等式可以得到 $n_j = n(z_j, \cdots \mid \theta)$。

在这些假设下,工业区位选择的决定因素可以通过计算在其他条件不变的情况下,区位特征的变化如何影响给定时间段内地点 j 的新进企业数目的条件期望。然而,为了有效计算边际效应,我们需要知道 n_j 的(条件)密度函数。给定非负整数特征的因变量 $n_j = 0,1,2,\cdots$,泊松分布是一个自然的选择。假设 y_i 表示某时间段内新进入企业的数目,X_i 表示影响企业空间利润函数的变量,其概率函数为

$$\text{Prob}(Y = y_i) = \frac{e^{-\lambda_i}\lambda_i^{y_i}}{y_i!}, \quad y = 0,1,\cdots \tag{3-3}$$

其中,$\lambda_i = e^{\beta'X_i}$,两边取自然对数得到 $\ln\lambda_i = \beta'X_i$,β 为未知的参数向量。参数 β 的极大似然估计(maximun likelihood estimators,MLE)是通过似然函数取自然对数得到的:$\ln(L(\beta)) = \sum_{i=1}^{N}[y_i\ln\lambda_i - \lambda_i - \ln(y_i!)]$。

泊松回归模型的一个重要特征是因变量的条件均值与条件方差相等,并且等于 λ_i,即 $E(y_i \mid X_i) = \text{var}(y_i \mid X_i) = \lambda_i = \exp(\beta'X_i)$。已有不少研究采用了泊松回归模型来分析企业区位选择(Smith & Florida,1994;Wu,1999;List,2001;Barbosa et al.,2004;Gabe & Bell,2004;Arauzo & Manjon,2004;Arauzo,2005,2008;Autant-Bernard et al.,2006;Arauzo & Viladecans,2009)。

然而,因为区位数据可能会拒绝"等离散性(equidispersion)"假设,即条件均值和条件方差是不相等的。过度离散意味着最大似然估计的参数不再有效。过度离散是由条件均值参数中未观察到的异质性引起的(Mullahy,1997)。这和最小二乘法中的异方差类似,参数估计是一致的,但方差估计是不一致的,导致无效的假设检验。"混合"泊松分布回归模型考虑到了这个异质性,假设 $E(y_j \mid x_j,u_j) = \exp(\beta'x_j)u_j = \mu_j u_j$,其中 u_j 是独立同分布的,主要的例子就是负二项分布模型(Negative Binomial Model,NBM)。负二项模型的概率分布为

$$\text{Prob}(Y = y_i \mid u) = \frac{\exp(-\lambda_i\exp(u_i))\lambda_i^{y_i}}{y_i!} \tag{3-4}$$

其中,$\exp(u_i)$ 是均值为1、方差为 α 的伽马分布。条件方差函数可以用条件均值的二次项来表示,即 $\text{var}(y_i \mid x_i) = E(y_i \mid x_i)[1 + \alpha E(y_i \mid x_i)]$(Wu,1999;Cieslik,2005;Arauzo & Viladecans,2009)。如果 α 为零,则条件方差等于条件均值,泊松模型和负二项模型是一样的。条件方差函数经常用条件均值的线性形式表示,即 $\text{var}(y_i \mid x_i) = E(y_i \mid x_i) + \alpha E(y_i \mid x_i)$(Kogut & Chang,

1991)。另外一些研究使用了负二项模型，但没有给出明确的条件方差函数的形式（Bade & Nerlinger, 2000；Coughlin & Segev, 2000；Gabe & Bell, 2004；Egeln, et al., 2004；Cieslik, 2005a；Audretsch & Lehmann, 2005；Autant-Bernard et al., 2006；Arauzo, 2008）。

用泊松伽马混合中的异质项来表示负二项模型的特征，可以理解为特殊区位的随机效应。然而，观察不到的区位异质性也是有可能的。这就需要使用"有限混合"模型，考虑到样本中的异质性群体可能存在不确定的数量（Cameron & Trivedi, 1998）。例如，假设将区位分为两组（或者两个过程）：一个是由于区位特定因素（如与自然和政策相关的），无论在什么情况下，企业都不会选择该区位（比如因为环境规制禁止某些企业进入），所以该区位的新进企业数一直为零；另一个是泊松过程，用来描述在某个区位新进入企业的概率，即在某个区位可能有新进入企业，也可能没有。在这种情况下，可能会显示出"过多的零（excess of zeros）"，低估零的频率可能会导致估计的不一致，可以通过采用零膨胀（零堆积）泊松模型（Zero Inflated Poisson Model，ZIPM）来解决这个问题。

$$
\begin{cases}
y_i = 0, & P_i \\
y_i \sim Poisson(\lambda_i), & 1 - P_i
\end{cases}
\tag{3-5}
$$

其中，$\ln\lambda_i = \beta'X_i$，P_i 表示概率。

$$
\begin{cases}
Prob[y_i = 0] = P_i + [1 - P_i]R_i(0) \\
Prob[Y = y_i \mid Y > 0] = [1 - P_i]R_i(not\ 0)
\end{cases}
\tag{3-6}
$$

其中，R_i 表示 y_i 的泊松分布。

P_i 的状态概率为 $P_i \sim Logistic(z_i)$，其中，$z_i = \varphi\beta'X_i$，φ 是定义的新参数。List(2001)、Gabe(2003)和Basile(2004)等在工业区位选择的实证研究中使用 ZIPM 模型。另外，Vuong(1989)提出了检验是否使用零膨胀模型（ZIPM）的统计量：如果 $|V| < 1.96$，那么两个模型在5%显著水平都不适用；如果检验统计量是正的且大于1.96，那么采用 ZIPM，如果有大量负值，则采用标准泊松模型。

3.1.2 影响企业区位选择的因素

通过对企业区位选择的实证研究的梳理（具体见附录2），大致可以将影响企业区位选择的因素分为以下几个方面。

一是集聚经济。

有关集聚经济对企业区位影响的研究,是从马歇尔和胡佛开始的。马歇尔指出,经济活动的空间集聚产生的外部经济,提高了企业效率。集聚经济会产生较为稳定的劳动力市场,共享中间产品、生产服务、熟练和有技能的劳动力,以及知识外溢。然而,集聚经济对新企业的吸引程度是呈倒 U 形的,即当企业在某个区域集中到一定程度会产生集聚不经济,如产品和劳动力市场的竞争激烈、生产成本上升、拥挤、环境污染等。因此,在一些文献中,会用城市经济和城市不经济来表示集聚经济这种倒 U 形的特征(Arauzo & Manjon,2004;Aranzo,2005)。胡佛将集聚经济分为三类,即内部规模经济、区位经济和城市经济①。因而,一些文献中也会区分区位经济和城市经济(Hasen,1987;Figueiredo et al.,2002;Arauzo & Manjon,2004;Guimaraes et al.,2004;Cieslik,2005a)。而还有一些研究,既没有区分城市经济与城市不经济,也没有区分区位经济和城市经济,而是用一些变量来表示集聚经济,如新生企业做出区位选择前的制造业企业数目(Woodward,1992;Head et al.,1995;Levinson,1996;Guimaraes et al.,1998;Head et al.,1999;List,2001;Gabe,2003;Barbosa et al.,2004;Cheng & Stough,2006;Arauzo & Viladencans,2009;余珮和孙永平,2011),制造业就业人数(Hasen,1987;Shukla & Waddell,1991;Henderson & Kuncoro,1996;Bade & Nerlinger,2000;Becker & Henderson,2000),单位面积制造业就业人数(Coughlin et al.,1991;Guimaraes et al.,2000;Figueiredo et al.,2002),制造业就业人数占总就业人数的比例(Coughlin & Segev,2000;Guiamaraes et al.,2000;Figueiredo et al.,2002;Holl,2004a,2004b;Cieslik,2005a,2005b;Arauzo,2008),制造业生产工时(Luger & Shetty,1985;McConell & Schwab,1990),制造业单位面积生产工时(Carlton,1983;Bartik,1985)。

二是各项成本因素,包括土地成本、劳动力成本和运输成本。

土地成本,由于工业用地土地价格的数据较难获得,因此,大部分文献都采用人口密度来表示土地价格(Bartik,1985;Guimaraes et al.,1998;Guimaraes et al.,

---

① 根据胡佛的分类,内部规模经济是单个企业的集聚经济,区位经济是指某个行业集中在一定区域所带来的外部经济,城市经济是指城市中各经济活动的集中所带来的外部经济。

2000；Figueiredo et al.，2002；Guimaraes et al.，2004；Arauzo，2005），人口越密集的地方，土地价格越高。除此之外，也有采用到城市中心商务区（CBD）的距离来表示土地价格的（Wu，1999；赵新正和魏也华，2011；吕卫国和陈雯，2009）。

劳动力成本，大多数文献都是用工资来表示，只是选择的指标有所差别。大部分企业倾向避免在高工资区域（Luger & Shetty 1985；Hasen，1987；Coughlin et al.，1991；Papke，1991；Friedman et al.，1992；Henderson & Kuncoro，1996；Luker，1998；Becker & Henderson，2000；Coughlin & Segev，2000；List，2001；Figueiredo et al.，2002；Gabe，2003；Barbosa et al.，2004；Crozet et al.，2004；Guimaraes et al.，2004；Holl，2004a，2004b；Clieslik，2005a，2005b；Cheng & Stough，2006；刘修岩和张学良，2010；王芳芳和郝前进，2011；余珮和孙永平，2011）。

运输成本，主要通过交通基础设施来表示。由于大部分企业的经济活动都需要投入和产出的运输，企业更愿意选择有较好的交通基础设施的区位，这一点在大量文献中都有证实。较为常用的变量包括到机场、港口的距离，或用虚拟变量表示该区位是否有国际机场或港口（Shukla & waddell，1991；Friedman et al.，1992；Coughlin & Segev，2000；Cieslik，2005a，2005b；Arauzo，2008；张华和贺灿飞，2007；姜海宁，2011；王芳芳和郝前进，2011；赵新正和魏也华，2011）。区域内道路和铁路的基本状况，用道路或铁路长度、路网密度、铁路网密度等表示（Bartik，1985；Coughlin et al.，1991；Henderson & Kuncoro，1996；Levinson，1996；Bade & Nerlinger，2000；Cieslik，2005a，2005b）。高速公路的情况，常用到高速公路的距离或是否有高速公路来表示（Shukla & Waddell，1991；Coughlin & Segev，2000；Gabe & Bell，2004；Holl，2004a，2004b；张华和贺灿飞，2007；林善浪和张惠萍，2011）。一般来说，一个国家中总有一些主要城市具有较好的交通基础设施，所以还可以用到这些主要城市的距离来表示运输成本（Hasen，1987；Henderson & Kuncoro，1996；Guiamaraes et al.，2000；Figueriredo et al.，2002）。

三是市场规模或市场需求。

企业倾向于选择市场规模或市场需求较大的区位。在实证研究中，常用的指标有人口密度（Woodward，1992；List，2001；Aranzo & Manjon，2004），当地人口数(Papke，1991；Henderson & Kuncoro，1996；Gabe，2003；Holl，2004a，2004b)，个人收入(Coughlin et al.，1991；Friedman et al.，1992；Head et al.，1999；Guimaraes et al.，2004)，市场潜力(Crozet et al.，2004；Holl，2004a，2004b；余珮和孙永平，2011)。

四是公共政策和制度，主要包括税收、环境规制、鼓励新企业投资的政策、财政激励。

第一，实证文献中关于税收的影响是模棱两可的(Luger & Shetty，1985；Buss，2001)：一些文献认为税收对企业区位选择没有显著影响(Carlton，1983；Coughlin et al.，1991；Woodward，1992；Bade & Nerlinger，2000；List，2001)；另一些文献指出税收对企业区位选择有负面影响，即企业倾向于选择税收较低的区位(Bartik，1985；MaConell & Schwab，1990；Friedman et al.，1992；Deveraux & Griffith，1998；Head et al.，1999；Coughlin & Segev，2000；Gabe，2003；Guimaraes et al.，2004)。Gabe & Bell(2004)指出，企业会在税收和公共物品和服务供给之间权衡，因为如果高税收能够将大量资金投入公共物品和服务的供给上，那么该地区对企业就有吸引力。第二，关于环境规制对企业区位选择的研究主要集中在美国，包括企业进行污染治理的成本，是否达到污染治理标准等，但由于不同政策的目标不一样，因此较难进行归纳与总结。第三，新企业的激励政策对企业选址的影响并不明确：Guimares et al. (1998)指出，区域激励政策对企业选址没有显著影响；而在关于外商直接投资(FDI)企业选址的文献中，吸引外商投资的政策是一个重要的决定因素(Luger & Shetty，1985；Coughlin et al.，1991；Friedman et al.，1992；Woodward，1992；Head et al.，1999)。第四，一些文献中没有明确指出财政激励政策的手段(税收或补贴等)，而是采用国家级或省级开发区的数量(Cheng & Stough，2006；赵新正和魏也华，2011)或是否位于经济开发区内(Wu，1999；Coughlin & Segev，2000；Cieslik，2005a，2005b；张华和贺灿飞，2007)来表示该区域的财政激励政策。

五是其他区位特征。

以教育水平为例，大多数研究显示，就业人口具有较高平均教育水平的地理区域更具有吸引力(Coughlin et al.，1991；Woodward，1992；Smith & Florida，1994；Coughlin & Segev，2000)。

3.2 数据来源、模型选择和变量选取

3.2.1 数据来源

本章的数据来源主要包括以下三个方面：一是上海市规划的 104 个产业地块；二是上海市开发区信息报送系统中 2006—2009 年的开发区数据；三是 2008 年的上海经济普查数据。上海市规划的 104 个产业地块中原来有 197 个工业区块，本书将相同名称的工业园区进行合并，并与上海市开发区信息报送系统中的开发区名称进行核对，最终整理出 97 个工业园区（具体见附录 3）。然后利用 2008 年上海经济普查数据，将企业数据归入 97 个工业园区中，由此可以获得 2006—2008 年间每年的制造业企业数，2007—2008 年总共有 1 874 个新生企业。本书利用 ArcGIS 软件来测量各个工业园区的距离变量。

3.2.2 模型选择

离散选择模型中的条件 Logit 模型和计数模型中的泊松模型是企业区位选择最常用和最基本的模型。对于应该选择哪一种模型，主要可以从以下两个方面来考虑：

一是研究的目的（企业区位选择或企业进入）和数据的可获得性（分析单位和解释变量）。如果分析单位是企业或工厂，研究主要关注的是影响区位选择的因素——企业或工厂的特征（如规模、部门等）或所选择区域的特征（如人口、基础设施等），那么采用离散选择模型较为合适；如果分析单位是地理上的单位（如镇、县、省、区域等），影响区位选择的因素涉及地理范围，那么采用计数模型较为合适（Arauzo et al.，2010）。

二是模型本身的特征和适用范围。条件 Logit 模型是从随机效益最大化模型中推导出来的，因此具有微观经济学基础，其优势是将实证与理论联系在一起；而泊松模型缺乏理论基础（Guimaraes et al.，2004）。但条件 Logit 模型是建立在独立无关选项假设（IIA）上的，即在控制了模型中所有观察到的特征后，所有区位都是一样的。但在实际中，有些企业特征和区位特征是不能完全识别出来的，即存在遗漏变量，则违反了 IIA 假设，参数估计会出现偏差。另一方面，当有大量区位选项以及存在企业选择的变量经常为零的情况时，这使得似然函数

计算比较困难,参数估计也会出现偏差。当面临这些问题时,条件 Logit 模型就不适用,人们更偏好使用泊松模型。

本书的研究分析单位是上海市内的工业园区,研究目的是分析不同因素对企业区位选择的影响,其中也包括了地理区位因素。而且本书是基于上海市 97 个工业园区的研究,区位选项较多,使用条件 Logit 模型可能会产生估计偏差。因此,本书使用泊松模型来消除大量区位选项和企业区位选择变量为零的限制。

3.2.3　变量选取

本书采用 N_j 表示工业园区 j 在 2007—2008 年的新生制造业企业数量。

在 97 个工业园区中,缺失值为洋山港保税区,2007—2008 年 96 个工业园区的新生企业数有 1 874 个(具体见附录 4)。其中,新生企业数为 0 的工业园区有 6 个,分别为华亭城镇工业地块、飞机总装基地、外冈城镇工业地块、宝山钢铁基地、漕河泾开发区松江园区、高桥老工业基地城镇工业地块。新生企业数小于 8 个的工业园区共有 31 个(不包括新生企业数为 0 的工业园区)。新生企业数较少的工业园区,大致可以分为以下几类:一是工业园区有充足的可利用空间,但位于边远郊区,在地理区位上不具有优势,如崇明工业园区、富盛开发区、商榻城镇工业地块、邬桥城镇工业地块、华亭城镇工业地块等;二是特定行业集中的工业园区,主要指化工行业、大型装备行业等,如上海化学工业区、金山化工基地、临港重装备基地、长兴海洋装备基地、飞机总装基地、宝山钢铁基地等;三是园区内已有较多企业且成立时间较长的国家级工业园区,如闵行经济技术开发区、外高桥保税区、张江高科技园区等。新生企业数大于 40 个的工业园区有 12 个,其中有 7 个工业园区为市级,排名前三位的是松江工业园区、青浦工业园区、嘉定工业园区,共同的特点是园区内已有企业数目较多且都为市级园区。

从描述中可以看出,新生企业数较多的工业园区分布在外环至外郊环之间以及外郊环附近,并且邻近高速公路;而新生企业数较少的工业园区主要位于外环以内和边远郊区。2007—2008 年,位于外环至外郊环之间的工业园区的平均新生企业数为 26 个,远高于外环以内和外郊环以外的工业园区(见图 3-1)。另外,从工业园区是否临水来看,临水的工业园区的平均新生企业数为 10 个,远低于不靠近黄浦江和沿海的工业园区(见图 3-2)。

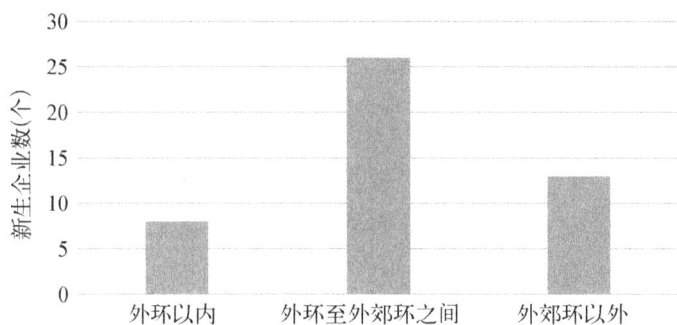

图 3 - 1　2007—2008 年上海市工业园区的平均新生企业数（按环线分）

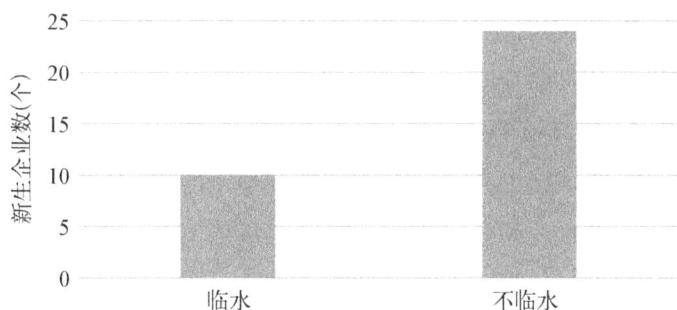

图 3 - 2　2007—2008 年上海市工业园区的平均新生企业数（按是否临水分）

从工业园区的级别来看，新进企业更偏向于市级工业园区。2007—2008 年，市级的平均新生企业数为 29 个，远高于国家级和区县级工业园区（见图 3 - 3）。

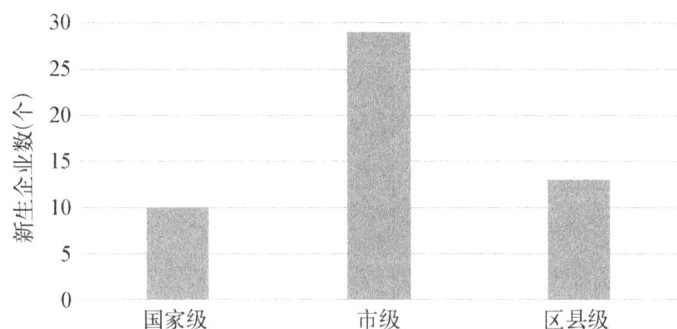

图 3 - 3　2007—2008 年上海市工业园区的平均新生企业数（按园区级别分）

从工业园区所属的区县来看，松江区、青浦区、嘉定区的工业园区平均新生企业数较多，分别为 59、30 和 20。而中心城区和崇明县（现已改为崇明区）的工业园区平均新生企业数较少，分别为 6 和 4（见图 3 - 4）。

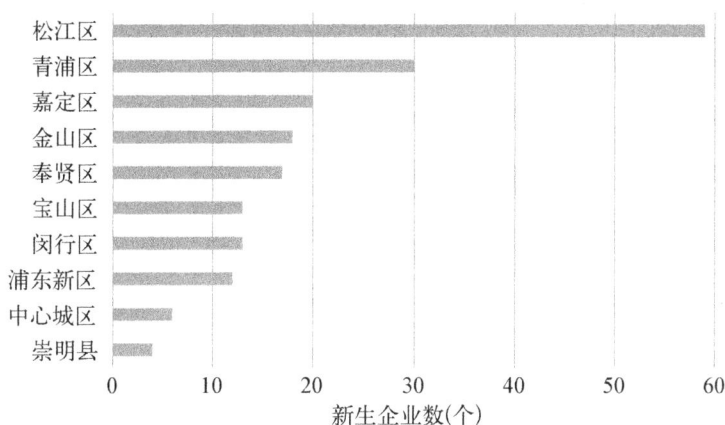

图 3-4　2007—2008 年上海市工业园区的平均新生企业数(按区县分)

本章主要关注的自变量如下(见表 3-1):

(1)集聚效应。实证研究中用来表示集聚效应的变量主要有制造业就业人数、单位面积制造业就业人数、制造业企业数目、单位面积制造业企业数目。一般来说,采用相对值来衡量更为客观,但由于 2006 年 97 个工业园区中的总土地面积的数据缺失值较多,本研究将采用 2006 年的制造业企业数目(N_Firm2006)或者 2006 年的制造业就业人数(N_Employee2006)来表示工业园区内的集聚效应。

(2)土地成本。根据杜能—阿隆索模型,土地价格(地租)与到市中心的距离成反比,即离市中心越近,土地价格越高。因此,本书用到市中心的距离(D_CBD)来表示土地价格。

(3)运输成本。上海经济快速发展,并以建立国际化大都市为目标,其交通基础设施已较为完善,因此,不准备采用道路长度、铁路长度或是否有国际机场来表示上海的交通基础设施状况。这里所指的运输成本主要考虑交通通达性,即到高速公路的距离(D_Highway),是否临水(Water)[①],是否靠近地铁站(Metro)。预期新进企业偏好选择靠近高速公路和邻近地铁站的工业园区,而

①　临水的工业园区是指靠近黄浦江和长江的工业园区。靠近黄浦江的包括吴淞工业基地、高桥老工业基地城镇工业地块、金汇城镇工业地块、欣梅城镇工业地块、吴泾工业基地、向阳工业区、闵行经济技术开发区、松江工业区石湖荡分区;靠近长江的包括外高桥保税区、金桥出口加工区、祝桥空港工业区、合庆经济园区、浦东新区机场经济园区、曹路城镇工业地块、老港化工工业区、飞机总装基地、上海化学工业区、化学工业区奉贤分区、宝山钢铁基地、月杨工业区、临海城镇工业地块、星火开发区、宝山工业园区、金山工业区、临港重装备产业基地、临港主产业基地、洋山保税港区、临港物流园区奉贤分区、长兴海洋装备基地、富盛开发区、崇明工业园区。

对于化工或是大型装备企业等特定行业则偏好选择临水的工业园区。

（4）劳动力成本和市场规模。企业区位选择的实证研究单位大多为镇、县、州等，劳动力成本用镇、县或州的平均工资来表示，而市场规模用镇、县或州的人口密度来表示。而本书的研究单位是大城市内部的工业园区，因此，假定劳动力成本和市场规模在城市内部是固定不变的。

（5）政策因素。每个工业园区吸引企业投资的优惠政策各不相同，因此，本书将采用是否为国家级（National）、是否为市级工业园区（Shanghai）、是否为工业基地（JD）[①]来表示不同级别工业园区的优惠政策差异。但国家级、市级工业园区在具有政策优惠的同时，对新进企业也有一定的要求（如行业、资金投入、规模、容积率等），特别是国家级工业园区的企业准入门槛更高。

表 3-1　企业区位选择的变量描述

变量名称	变量定义	预期符号
N_Firm2006	2006 年各工业园区的制造业企业数量（个）	＋
N_Employee2006	2006 年各工业园区的制造业就业人数（万人）	＋
National	是否为国家级工业园区，是＝1，否＝0	＋/－
Shanghai	是否为市级工业园区，是＝1，否＝0	＋/－
JD	是否为工业基地，是＝1，否＝0	＋/－
D_CBD	各工业园区到人民广场市政府的直线距离（公里）	＋
D_Highway	各工业园区到最近高速公路的距离（公里）	－
Metro	虚拟变量：工业园区到最近地铁站的距离小于 3 公里为 1，否则为 0	＋
Water	虚拟变量：是否临水，是＝1，否＝0	＋/－

在各变量定义的基础上建立以下回归方程

$$E(N_i) = \beta_0 + \beta_1 N\_Firm2006_i + \beta_2 National_i + \beta_3 Shanghai_i + \beta_4 JD_i$$
$$+ \beta_5 D\_CBD_i + \beta_6 D\_Freeway_i + \beta_7 Water_i + \beta_8 Metro_i + \varepsilon_i$$

$$(3-7)$$

---

① 工业基地包括安亭汽车产业基地、宝山钢铁基地、国际汽车城零部件配套园区、化学工业区奉贤分区、上海化学工业区、金山石化基地、临港重装备产业基地、临港主产业基地、长兴海洋装备基地、吴泾工业基地、吴淞工业基地。工业基地大多以上海重点发展产业为主导产业，在产业布局等方面受到政府的重视。

或

$$E(N_i) = \beta_0 + \beta_1 N\_Employee2006_i + \beta_2 National_i + \beta_3 Shanghai_i + \beta_4 JD_i$$
$$+ \beta_5 D\_CBD_i + \beta_6 D\_Freeway_i + \beta_7 Water_i + \beta_8 Metro_i + \varepsilon_i \quad (3-8)$$

各变量的统计描述如表 3-2 所示：

表 3-2　企业区位选择的变量统计性描述

变量名称	观察值	均　值	标准差	最小值	最大值
N	96	19.52	27.04	0	222
N_Firm2006	96	129.03	158.18	0	1 031
N_Employee2006	91	1.50	2.78	0.004 9	18.85
National	97	0.09	0.29	0	1
Shanghai	97	0.41	0.49	0	1
D_CBD	97	31.38	13.18	7.62	60.43
D_Freeway	97	3.11	3.71	0	27.2
Metro	97	0.07	0.26	0	1
Water	97	0.32	0.47	0	1

3.3　回归结果及分析

由于表示集聚经济的变量不同，本书将考虑以下两类模型：一是泊松模型 PO(1)，用 2006 年的制造业企业数目表示工业园区的集聚经济；二是泊松模型 PO(2)，用 2006 年的制造业就业人数表示工业园区的集聚经济。回归结果如表 3-3 所示。

表 3-3　泊松模型的回归结果

	PO(1)	PO(2)
N_Firm2006	0.002 6*** (31.49)	
N_Employee2006		0.121*** (27.96)

（续表）

	PO(1)	PO(2)
National	−0.495*** (−3.76)	−1.038*** (−7.38)
Shanghai	0.221*** (3.80)	0.420*** (7.43)
JD	−0.614*** (−4.98)	−0.703*** (−5.60)
D_CBD	0.003 1 (1.38)	0.001 1 (0.51)
D_Freeway	−0.067 3*** (−5.98)	−0.082 7*** (−7.21)
Water	−0.099 7 (−3.03)	−0.236*** (−3.34)
Metro	−0.453*** (−3.26)	−0.578*** (−4.24)
Constant	2.529*** (27.97)	2.852*** (32.15)
Number of obs	96	90
Log likelihood	−508.28	−592.37
LR Chi2	1 544.88	1 269.95
Pseudo R2	0.603 1	0.517 4

注：***,**,*分别表示在1%，5%，10%水平上显著；括号内为Z值。

从拟合优度（Pseudo R^2）来看，用2006年的制造业企业数目来表示工业园区内集聚经济的泊松模型的拟合优度较高，因此选择PO(1)模型。

表示政策因素的虚拟变量，都在1%的水平上显著。其中，是否为市级工业园区的变量系数为正的，即在其他变量不变的情况下，如果工业园区为市级，则新企业进入数目会上升；这说明上海市市级工业园区有一定的优惠政策，而且工业园区内仍有足够的空间可以容纳新企业。然而，是否为国家级工业园区的虚拟变量系数为负的，即在其他变量不变的情况下，如果工业园区为国家级，则新企业数目会下降。主要是因为大多数国家级工业园区（如漕河泾新兴技术开发

区、金桥出口加工区、张江高科技园区、外高桥保税区、闵行经济技术开发区)都
是在 20 世纪 80 年代后期和 90 年代初期批准成立的,由于成立时间较长,园区
已基本开发完成,没有足够空间容纳新企业进入。另外,国家级工业园区除了提
供相应的优惠政策外,对于进入园区的企业有一定的资金、规模或技术方面的要
求,即国家级工业园区的准入门槛较高,这也是新企业不愿意选择国家级工业园
区的原因之一。此外,是否为工业基地的虚拟变量系数也为负的,说明在其他变
量不变的情况下,如果工业园区为上海某个重点发展产业的工业基地,则新生企
业数目会下降。主要原因是工业基地对行业有特定的要求,而且对进入园区的
企业也有一定的资金、规模或技术方面的要求。

到 CBD 的距离的系数为正的,但在统计上不显著。到 CBD 的距离代表土
地价格,这就表示企业更倾向于选择离市中心较远、土地价格较低的工业园区。

到最近高速公路距离的系数为负的,且在 1% 水平上显著。到最近高速公
路的距离代表运输成本,企业更倾向于选择离高速公路近的工业园区。在其他
变量保持不变的情况下,到高速公路的距离增加 1 公里,则新进企业数目会减少
6.73%。

另外一个表示运输成本的变量为是否临水,该变量的系数为负的,但在统计
上不显著。

是否邻近地铁的虚拟变量系数为负的,且在 1% 水平上显著,这与预期的不
一致。原本预期新进企业会偏好选择交通便利、通达性较好的工业园区。但从
上海的实际情况来看,靠近地铁站的工业园区大致可以分为三类:一是位于中
心城区的工业园区,土地价格较高,如市北工业园区、漕河泾新兴技术开发区;二
是国家级工业园区,企业准入门槛较高,如漕河泾新兴技术开发区、张江高科技
园区、外高桥保税区等;三是建成率较高的工业园区,已无足够空间容纳新企业
进入,如宝山钢铁基地、高桥老工业基地城镇工业地块、吴淞工业基地等。因此,
新进企业大多数不愿意选择以上三类工业园区。

用 2006 年各工业园区的企业数表示集聚经济,其系数为正且在 1% 水平上
显著,表示工业园区制造业企业集聚程度越高,会吸引更多的企业进入。在其他
解释变量保持不变的情况下,工业园区内制造业企业数目每增加一个,则新生企
业数目会增加 0.26%。

3.4 结论

本章采用上海市开发区信息报送系统中 2006—2009 年的开发区数据以及 2008 年的上海市经济普查数据,通过对上海市规划的 104 个产业地块中工业园区名称进行合并,得到 97 个工业园区,用来研究 2007—2008 年上海市新生企业区位选择的差异。通过对企业区位选择实证研究的文献梳理,比较了离散选择模型和计数模型的适用条件并归纳了影响企业区位选择的因素。考虑到被解释变量为新生企业数,且取零的个数可能较多,因此采用泊松模型进行回归分析。

研究发现,影响企业决定是否进入某工业园区的区位因素包括集聚效应、土地成本、运输成本和政策因素,这些变量对企业区位选择都有显著影响。除了到市中心的距离和是否临水在统计上不显著,其余解释变量都在 1% 水平上显著。其中,由于大多数国家级工业园区成立时间较长,可利用空间有限,企业准入门槛较高,因此,新生企业选择国家级工业园区的较少。工业基地由于企业准入门槛较高,对行业有特定要求,因此,大多数新生企业不愿意选择该类工业园区。而同样表示政策因素的变量,市级工业园区对于新生企业有较大的吸引力。表示集聚经济的 2006 年制造业企业数目显示,工业园区的集聚程度越高,会有更多的企业选择该园区,但集聚效应到达一定程度时可能会带来集聚不经济,因此,从该变量的系数大小中可以看出集聚效应对企业区位选择的影响程度较小。到高速公路的距离表示运输成本,企业偏向于选择靠近高速公路的工业园区。除了到高速公路的距离以外,另外两个表示运输成本和交通通达性的变量为工业园区是否临水和是否靠近地铁站。临水的工业园区具有水路运输方便的优势,但考虑到实际情况,大部分新生企业不偏向于选择临水的工业园区。这些情况包括:有些临水的工业园区的土地建成率较高,土地可利用空间有限;沿海的工业园区以化工和大型装备行业为主,对企业的行业属性有特定要求;沿海的工业园区位于外郊环以外,离市中心较远;等等。同样,考虑到上海的实际情况,新进企业大多不愿意选择靠近地铁站的工业园区的原因主要有以下三个:一是位于城市中心地区,土地价格较高;二是国家级工业园区的准入门槛较高;三是工业园区的土地建成率较高,已无足够空间容纳新企业进入。

4 剔除区位因素对工业园区土地产出效率的影响——以上海市为例

上一章关于企业区位选择的实证研究表明,集聚经济、土地成本、运输成本和政策因素都是影响企业决定是否进入某工业园区的区位因素。而对于工业园区来说,其特定的区位因素(如园区级别、地理位置等)会影响园区的土地产出效率。园区级别代表该特定区位上的政策差异,园区级别越高,则上一级政府对园区内的产业布局更为重视,进入园区的项目质量更高。特定的地理位置优势更容易吸引优质企业进入,如离市中心较近则能享受到中心城区的服务功能,靠近主要交通枢纽则便于运输等。因此,在剔除这些区位因素的影响后,才能更为客观、合理地评价工业园区的土地产出效率。本章以2006—2009年上海市97个工业园区为例,通过计量模型来分析区位因素对工业园区土地产出效率的影响,并用回归残差来表示剔除区位因素后的土地产出效率。

4.1 上海市土地利用状况与工业园区概况

4.1.1 土地利用状况

上海市耕地面积从1978年的3 601.27平方公里下降到2010年的2 010.00平方公里,年平均减少1.77%。从图4-1中可以看出,有两个时间段耕地面积下降幅度较大,分别是 1993—1995 年(平均减少 3.00%)和 2002—2006 年(平均减少 5.75%);其中,2006 年耕地面积的下降幅度最大,为 12.35%。

单位:平方公里

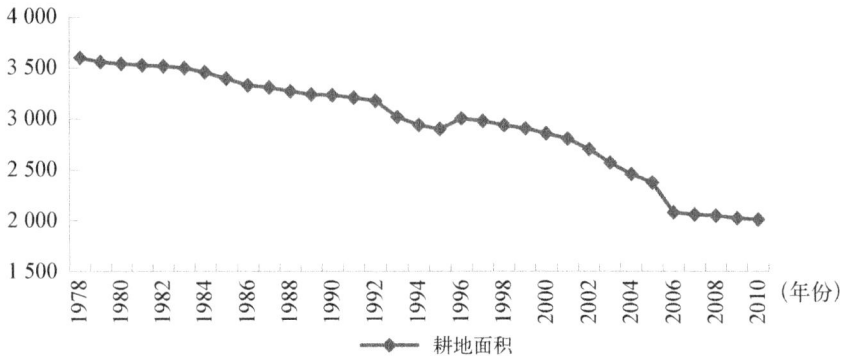

图 4-1　上海市耕地面积(1978—2010 年)

数据来源:《上海统计年鉴 2011》。

耕地面积的不断减少与建设用地的不断扩张有关。上海市建设用地面积从 1999 年的 1 153.04 平方公里增加到 2009 年的 2 829.96 平方公里。《上海市土地利用总体规划(2006—2020 年)大纲》确定了上海市及各区(县)至 2020 年建设用地总规模和耕地保有量的刚性指标。从 2009 年年底的全国第二次土地调查的数据来看,上海现有耕地数量已少于规划控制值,须严格保护耕地不被侵占(见表 4-1)。

表 4-1　上海市建设用地与耕地的规划值与现状值(2009 年)

单位:平方公里

名　称		上海市	中心城区	宝　山	闵　行	嘉　定	浦　东
建设用地	规划值	2 951	289	231	274	252	760
	现状值	2 829.96	274.49	227.84	270.7	260.37	704.94
耕地	规划值	2 493		43	46	133	352
	现状值	2 336.2		39.3	52.54	131.77	356.83
名　称			奉　贤	松　江	金　山	青　浦	崇　明
建设用地	规划值		230	251	200	208	256
	现状值		224.85	262.47	183.99	207.47	212.89

名 称			奉 贤	松 江	金 山	青 浦	崇 明
耕地	规划值		327	205	316	292	780
	现状值		302.09	216.41	310.49	237.1	689.67

注：规划值是指《上海市土地利用总体规划（2006—2020 年）大纲》中所确定的 2020 年建设用地总规模和耕地保有量指标；现状值指截至 2009 年年底的建设用地和耕地数量。

资料来源：刘慧.上海建设用地现状分析与产业用地对策探讨[J].上海国土资源，2012，33(1)：41－45.

从表 4－1 可以看出，建设用地面积虽然没有超过规划值，但已非常接近，规划期间（2011—2020 年）全市新增建设用地总量仅为 121 平方公里。增量空间非常有限，而且要用于城市发展的基础设施建设、社会事业用地、居住用地和工业用地等。

从建设用地的结构来看，2012 年上海城市建设用地中，占地面积较大的为居住用地、工业用地和道路交通设施用地，所占比例分别为 36.69%、25.37% 和 14.27%[①]。从郊区县的建设用地结构来看，同样是以居住用地、工业用地为主，平均工业用地率（工业用地占建设用地的比例）为 32.19%，远高于全球大城市的一般比例（约 15%）。其中，工业用地率最高的 3 个郊区为宝山区、奉贤区和嘉定区，所占比例分别为 40.06%、38.87% 和 37.10%（见图 4－2）。

从工业用地的主要指标来看，上海工业用地的单位面积工业产值有显著提高，2008 年达到 71.74 亿元/平方公里的历史最高水平。2009 年受到国际金融危机的冲击，工业增长速度放缓，土地产出效率有所回落，为 69.81 亿元/平方公里。工业用地单位面积固定资产强度明显上升，2009 年达到 71.27 亿元/平方公里，比 2005 年增长 32.4%。单位面积税收贡献也逐年上升，2009 年为 3.22 亿元/平方公里，比 2005 年增长 57%。单位面积劳动力投入呈先上升后下降的趋势，2005—2007 年，由于工业经济的繁荣和大量外来务工人员的进入，上海市单位面积劳动力投入呈上升趋势，2007 年达到 9.05 千人/平方公里的峰值；2008 年起，受到国际金融危机的影响以及工业产业结构由劳动密集型向高新技术产业化为主的

---

① 原本应采用 2009 年的上海市建设用地构成的数据，以保持前后数据年份的一致性。但由于《中国城市建设统计年鉴》中 2005—2011 年上海市建设用地构成的数据缺失，而且 2～3 年内各类用地占建设用地比例变化不大，因而选择离 2009 年较近的 2012 年数据作为替代。

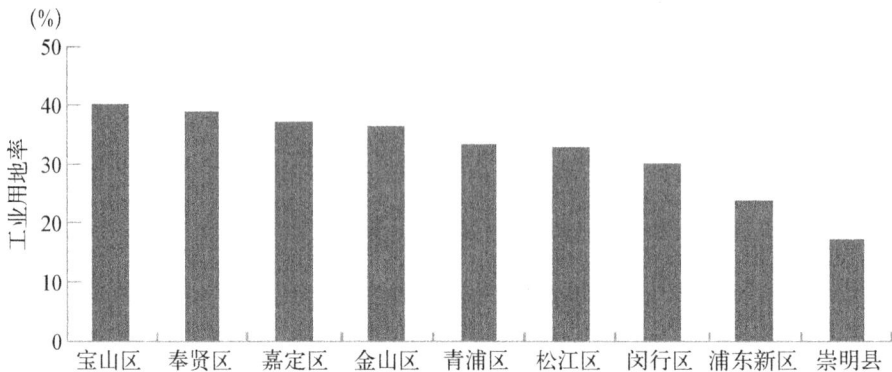

图 4-2　上海市各郊区县工业用地率(2009)

资料来源:刘慧.上海建设用地现状分析与产业用地对策探讨[J].上海国土资源,2012,33(1):41-45.

资本密集型、技术密集型转变,单位面积劳动力投入逐年下降。2009 年单位面积劳动力投入为 8.23 千人/平方公里,比 2007 年的峰值下降 9.1%(见表 4-2)。

表 4-2　2005—2009 年上海市工业用地主要指标

指　　标	2005 年	2006 年	2007 年	2008 年	2009 年
工业用地面积(平方公里)	295.41	304.68	311.77	350.17	345.11
单位面积产出效率(亿元/平方公里)	53.38	60.96	71.40	71.74	69.81
单位面积固定资产强度(亿元/平方公里)	53.84	58.84	66.26	64.97	71.27
单位面积劳动力投入(千人/平方公里)	8.79	8.76	9.05	8.68	8.23
单位面积税收贡献(亿元/平方公里)	2.05	2.04	2.70	2.76	3.22

资料来源:上海市发展和改革委员会,上海市统计局.上海产业转型发展系列课题研究报告之土地篇[R].2011.

综上所述,上海的耕地面积不断减少,已低于 2020 年的规划值,保护耕地面临着严峻的挑战。而目前上海的建设用地面积已接近规划值,到 2020 年可新增的建设用地面积十分有限。工业用地的面积也随着建设用地的扩张而不断增加,从 1999 年的 291.64 平方公里增加到 2009 年的 345.11 平方公里,且工业用地占建设用地的比例偏高,使得工业用地与居住用地、公共设施用地等的矛盾日益突出。然而,从开发区内部的土地利用效率来看,30%的工业用地面积创造了 70%的工业产值,工业用地呈现出"三七"现象,有不少工业园区存在着粗放、低效的问题。可见,上海的土地利用正处于历史的转折点,提高工业用地的土地利用效率是缓解土地资源紧张、推动产业结构转型的主要途径。

4.1.2　工业园区的发展历程和现状分析

4.1.2.1　发展历程

上海的工业是在1949年前的工业基础上逐步发展起来的。新中国成立以前，很多工厂为外国资本所开设，主要集中在租界内，租界的中心地段位于黄浦区。新中国成立初期，上海工业主要集中在杨浦工业区(也称沪东工业区，以纺织、印染、机器工业为主)、普陀工业区(也称沪西工业区，以纺织、印染、面粉工业为主)和沪南工业区(以造船为主)三大沿江工业区。计划经济体制时期，上海工业的合理布局没有得到应有的重视，虽然经过几次大规模的调整，并在近郊辟建了吴淞、蕴藻浜、彭浦、桃浦、北新泾、漕河泾、长桥、高桥、庆宁寺、周家渡10个工业区，在远郊重点建设了闵行、吴泾、松江、嘉定、安亭5个卫星城镇，但工业布局集中在中心城区的局面没有根本改变(龚仰军等，2007)。

上海工业布局密集于中心城区，不仅与城市发展规划产生了矛盾，也影响了工业企业自身的发展，主要表现在：一是工业企业所排放的"三废"导致大气环境、水环境受到污染；二是工业企业过分集中在中心城区，加上厂点布局分散凌乱，大量原材料和半成品的运输，给中心城区拥挤的交通运输增加压力。为了加快上海市产业结构转变，市政府提出了"退二进三"战略，使位于中心区的工厂开始向郊区转移，郊区工业的布局也从遍地开花向相对集中发展。经国务院批准，上海市于1986—1988年先后设立了虹桥经济技术开发区、闵行经济技术开发区和漕河泾新兴技术开发。1998年上海市政府制订了《开发浦东规划方案》，明确浦东新区发展"面向世界、面向21世纪、面向现代化"的战略目标和指导思想。1990年4月，国务院决定要加快上海浦东地区的开发，在浦东实行经济技术开发区和某些经济特区的政策。之后，经国务院批准，相继成立了陆家嘴金融贸易区、外高桥保税、金桥出口加工、张江高科技园区。从1986—1992年，上海共有7个国家级开发区，即虹桥经济技术开发区、闵行经济技术开发区、漕河泾新兴技术开发区、外高桥保税、金桥出口加工、张江高科技园区、陆家嘴金融贸易区，其中，陆家嘴金融贸易区、虹桥经济技术开发区不属于工业开发区，因此，国家级工业园区共有5个。

上海市第一家市级工业开发区为星火轻纺工业区，成立于1984年10月。从

1994年起,全市开发区进入郊区工业开发阶段,从1994年5月到1996年2月,上海市人民政府批准设立了松江、康桥、嘉定、金山嘴、莘庄、奉浦(后改名为上海市工业综合开发)、宝山城市、青浦、崇明等9个区县属市级工业区,即九大工业园区。

从1999年开始,《上海市统计年鉴》对九大工业园区的主要经济指标进行统计。从工业产值来看,1999—2004年九大工业园区的工业产值基本呈上升趋势。可以将这九大工业园区分为两类:一是1999年的工业产值大于10亿元的工业园区(见图4-3)。松江工业园区、康桥工业区、嘉定工业区、莘庄工业区和青浦工业区都呈上升趋势,其中,莘庄工业区的工业产值增长速度最快,年平均增长率为34%。而奉浦工业开发区从1999年至2001年,工业产值呈缓慢下降趋势,随后在2002—2003年间呈上升趋势,2004年又略有下降。二是1999年的工业产值小于10亿元的工业园区,为金山嘴工业开发区、宝山城市工业园区、崇明工业园区(见图4-4)。宝山城市工业园区的工业产值呈快速上升趋势,崇明工业园区呈缓慢上升趋势,而金山嘴工业开发区是先下降再上升。

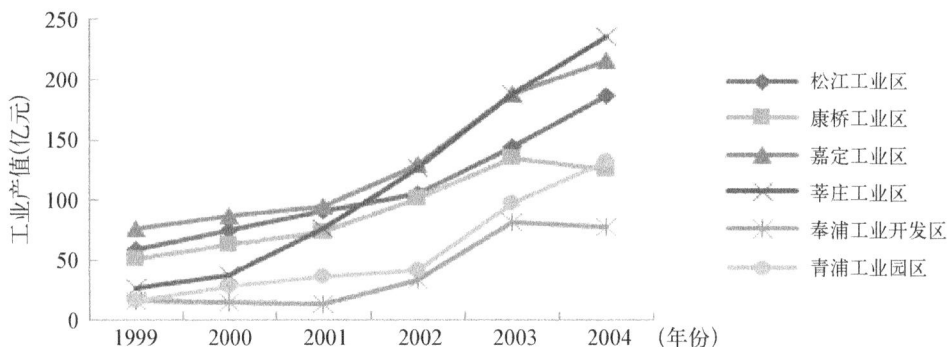

图4-3　1999—2004年上海市九大工业园区的工业产值(一)

数据来源:2000—2005年的《上海统计年鉴》。

从税收贡献来看,1999—2004年九大工业园区中大部分工业园区的税收贡献波动较大(见图4-5)。其中,莘庄工业区的增长速度最快,1999—2003年的平均增长率为33%,2004年的税收比2003年下降了11%。松江工业园区的税收在2000年有大幅度下降,随后呈缓慢上升趋势。而宝山城市工业园区和崇明工业园区的税收一直为上升趋势,宝山城市工业园区从2000年后的税收增长速度较快,崇明工业园区一直是缓慢增长(见图4-6)。

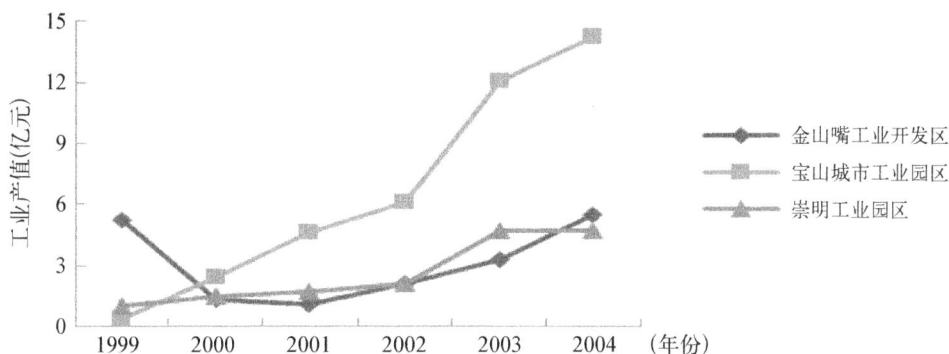

图 4-4　1999—2004 年上海市九大工业园区的工业产值(二)

数据来源:2000—2005 年的《上海统计年鉴》。

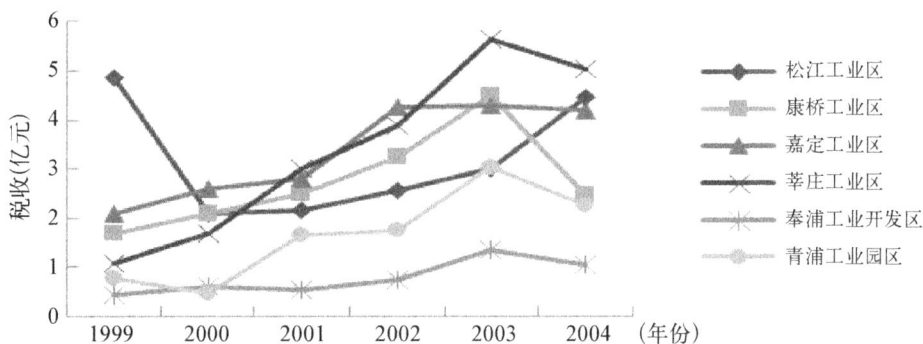

图 4-5　1999—2004 年上海市九大工业园区的税收贡献(一)

数据来源:2000—2005 年的《上海统计年鉴》。

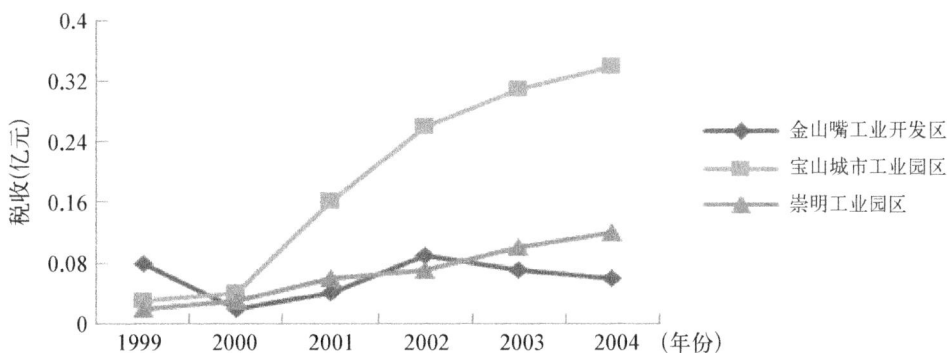

图 4-6　1999—2004 年上海市九大工业园区的税收贡献(二)

数据来源:2000—2005 年的《上海统计年鉴》。

从固定资产投资来看,大部分工业园区都呈现出缓慢上升的趋势,其中,宝山工业园区的增长速度最快,1999—2003 年的平均增长率为 57%;而松江工业区和金山嘴工业区的固定资产投资呈现出先下降后上升的趋势(见图 4-7、图 4-8)。

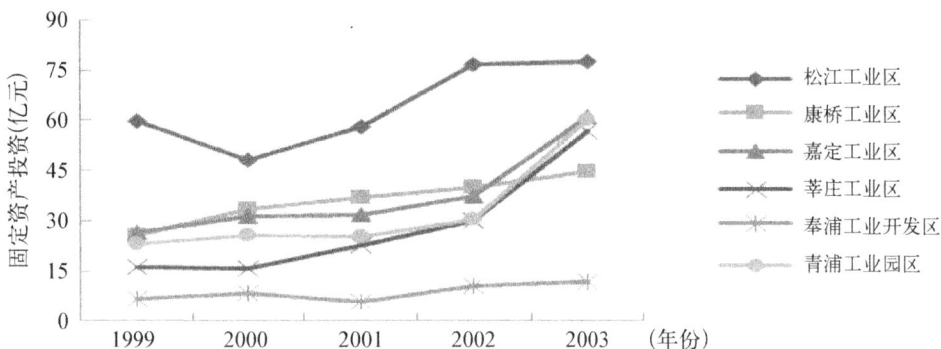

图 4-7　1999—2003 年上海市九大工业园区的固定资产投资情况(一)
数据来源:2000—2004 年的《上海统计年鉴》。

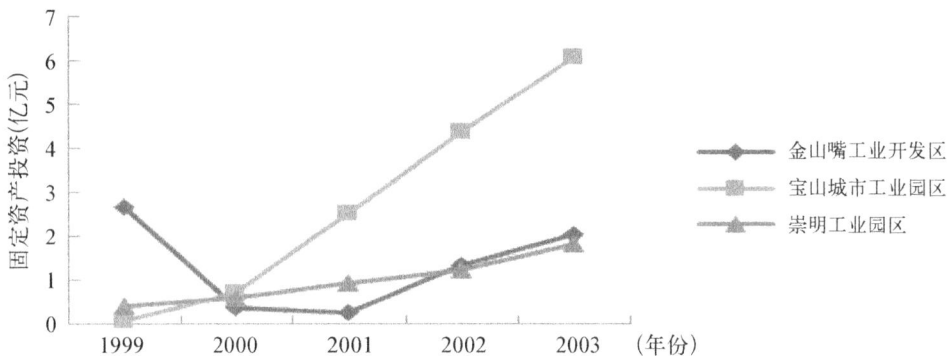

图 4-8　1999—2003 年上海市九大工业园区的固定资产投资情况(二)
注:2004 年上海市九大工业园区的固定资产投资数据缺失。
数据来源:2000—2004 年的《上海统计年鉴》。

这九大市级工业园区的就业人数在 2001 年以后都有明显上升的趋势。其中,宝山城市工业园区和莘庄工业区的平均增长率较快,分别为 33.30% 和 18.64%,而波动较大的工业园区为青浦工业园区和崇明工业园区。2003 年青浦工业园区的就业人数有大幅度上升,从 2002 年的 1.42 万人上升到 4.45 万人,而在 2004 年又下降到 3.86 万人。同样,崇明工业园区也在 2003 年达到峰值,就业人数为 0.42 万人,在 2004 年下降到 0.30 万人(见图 4-9 和图 4-10)。

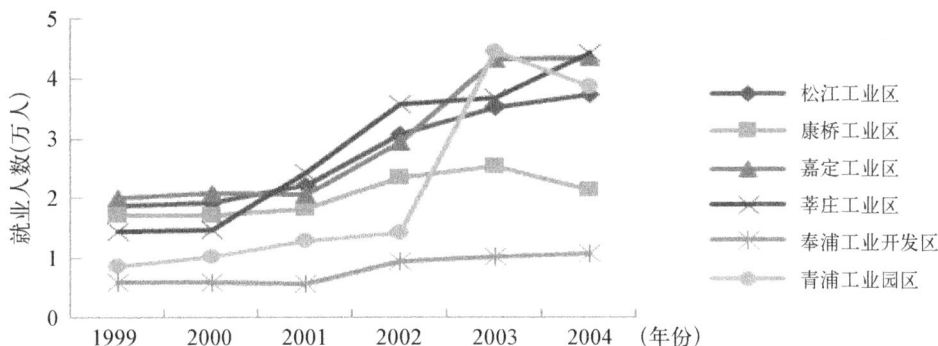

图 4-9　1999—2004 年上海市九大工业园区的就业人数(一)

数据来源:2000—2005 年的《上海统计年鉴》。

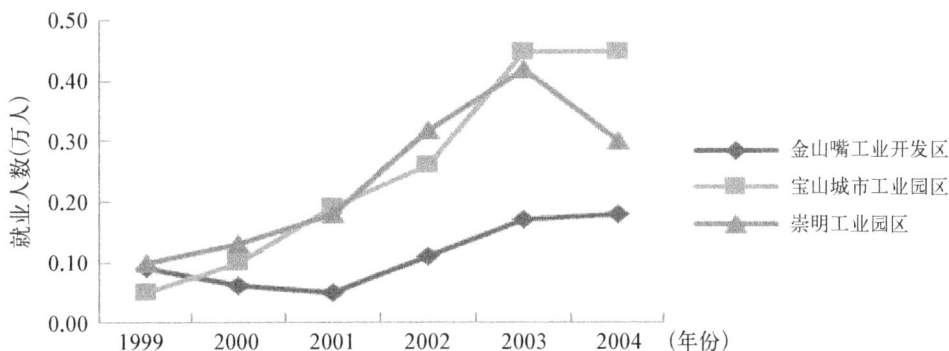

图 4-10　1999—2004 年上海市九大工业园区的就业人数(二)

数据来源:2000—2005 年的《上海统计年鉴》。

经 2004 年全国开发区清理整顿后,上海市将一些工业园区进行合并,如宝山工业园区包括宝山城市工业园、宝山工业园区、罗店工业园区和徐行工业园区;月杨工业园区包括月浦工业园区、杨行工业经济发展园区和顾村工业园区;浦东空港工业园区包括机场镇临空产业园、川沙工业园区、祝桥空港工业园区和老港化工工业园区;嘉定工业园区包括嘉定试点园区(含嘉定出口加工区)和外冈工业园区;嘉定汽车产业园区包括南翔高科技园区、黄渡工业园区和国际汽车城零部件配套园区;莘庄工业园区包括莘庄工业区和向阳工业区;西郊经济开发区包括华新绿色工业园区、徐泾绿色工业园区和闵北工业园区;松江工业园区包括松江试点园区(含松江出口加工区)、松江工业园石湖荡分区和练塘城镇工业地块;松江经济开发区包括泗泾高新技术开发区、松江高科技园区和松江工业区洞泾分区;奉贤经济开发区包括工业综合开发区(含闵行出口加工区)、奉贤现代农业园区;金山工业区包括金山工业园区、金山第二工业园区和张堰工业区。在 2006 年经审批通过,形成了现有的 7 个国家级工业园区和 26 个市级工业园区(见表 4-3)。

表 4-3　上海市国家级和市级工业园区(2009 年)

园 区 名 称	级 别	园 区 名 称	级 别
外高桥保税区	国家级	松江经济开发区	市级
金桥出口加工区	国家级	奉贤经济开发区	市级
张江高科技园区	国家级	金山工业园区	市级
漕河泾新兴技术开发区	国家级	枫泾工业园区	市级
漕河泾出口加工区	国家级	市北工业园区	市级
闵行经济技术开发区	国家级	崇明工业园区	市级
松江出口加工区	国家级	星火工业园区	市级
宝山工业园区	市级	浦东康桥工业园区	市级
月杨工业园区	市级	上海化学工业园区	市级
富盛经济开发区	市级	新杨工业园区	市级
浦东空港工业园区	市级	浦东合庆工业园区	市级
嘉定工业园区	市级	南汇工业园区	市级
嘉定汽车产业园区	市级	奉贤工业园区	市级
莘庄工业园区	市级	未来岛物流科技园区	市级
青浦工业园区	市级	奉城工业园区	市级
西郊经济开发区	市级	紫竹高新技术产业园区	市级
松江工业园区	市级		

资料来源:《上海统计年鉴 2010》。

从开发区的级别来看,国家级开发区土地利用效率明显较高。2006—2009年,国家级开发区的单位土地产出率、单位土地资产强度和单位土地劳动力投入密度都高于上海市工业平均水平。以 2009 年为例,上海市 7 个国家级开发区单位土地产出率和单位土地资产强度分别为 299.89 亿元/平方公里和 220.36 亿元/平方公里,分别是上海市工业平均水平的 4.3 倍和 3 倍;劳动力投入密度为19.9 千人/平方公里,是上海市工业平均水平的 2.4 倍(上海市发展和改革委员会,2011)。而 2006—2009 年市级开发区的单位土地产出率、单位土地资产强度均低于上海市平均水平。在 26 个市级开发区中,仅紫竹高新技术产业园区、未来岛物流科技园区、浦东康桥工业园区、市北工业园区、化学工业园区、莘庄工业园区等 6 个市级开发区的土地利用效率高于上海市平均水平。以 2009 年为例,市级开发区单位土地产出率、单位土地资产强度、单位土地劳动力投入密度分别为 58.19 亿元/平方公里、63.57 亿元/平方公里、7.9 千人/平方公里,比上海市平均水平分别低 16.6%、10.8%和 4%(见表 4-4)。

表 4-4 2006—2009 年上海市国家级、市级工业园区的相关指标

区域	指 标	2006 年	2007 年	2008 年	2009 年
国家级开发区	单位土地产出率(亿元/平方公里)	251.87	342.68	283.00	299.89
	单位土地资产强度(亿元/平方公里)	185.98	233.08	186.52	220.36
	单位土地劳动力投入密度(千人/平方公里)	17.73	22.92	19.20	19.87
市级开发区	单位土地产出率(亿元/平方公里)	54.32	62.72	62.43	58.19
	单位土地资产强度(亿元/平方公里)	50.86	55.78	55.85	63.57
	单位土地劳动力投入密度(千人/平方公里)	8.18	9.10	8.74	7.90
全市开发区合计	单位土地产出率(亿元/平方公里)	94.88	110.21	102.52	96.49
	单位土地资产强度(亿元/平方公里)	78.60	85.86	79.60	88.41
	单位土地劳动力投入密度(千人/平方公里)	10.14	11.45	10.64	9.80

资料来源:上海市发展和改革委员会,上海市统计局.上海产业转型发展系列课题研究报告之土地篇[R].2011.

2009 年,根据上海城市总体规划和土地利用规划,把上海市的工业用地集中到开发区内,形成了 41 个开发区、104 个工业地块。本研究采用的数据是根据 104 个工业地块,通过对相同名称进行合并后得到 97 个工业园区(具体见附录 3)。下文对上海市工业园区的现状描述也是基于上海市开发区产业项目信息报送系统中 2009 年 97 个工业园区的相关数据。

4.1.2.2 工业园区现状

1)单位面积工业产值

从 2009 年 97 个工业园区的地均产出来看,剔除异常值和缺失值,共有 86 个工业园区。排名最靠前的 10 个工业园区分别为漕河泾开发区浦江园区、金桥出口加工区、安亭汽车产业基地、松江工业区、北蔡城镇工业地块、桃浦工业园区、

浦东新区机场经济园区、闸北工业区、康桥工业区、闵行经济技术开发区。这些工业园区的地理区位特征是都位于外郊环以内,其中,有 2 个工业园区位于外环以内(即北蔡城镇工业地块和桃浦工业园区),其余位于外环与外郊环之间。另外,这些工业园区中,有 3 个国家级工业园区、4 个市级工业园区和 1 个工业基地。

排在最后的 10 个工业园区分别为吴淞工业基地、头桥城镇工业地块、华亭城镇工业地块、松隐城镇工业地块、崇明工业园区、富盛开发、青港经济园区、临港主产业基地、化学工业区奉贤分区、海港综合开发区城镇工业地块。这些工业园区中,只有 2 个市级工业园区,分别为崇明工业园区和富盛工业园区,都位于崇明县,离市中心较远。区县级工业园区有 5 个,其余为工业基地。从地理区位特征来看,有 6 个工业园区位于外郊环以外,其余都位于外环与外郊环之间。

从以上分析大致可以看出,国家级工业园区的地均产出较高,而区县级工业园区的地均产出普遍较低;外郊环以外的工业园区的地均产出要低于外郊环以内的工业园区。

从按园区级别分的地均产出数据来看,国家级工业园区的单位面积工业产值为 131.70 亿元/平方公里,远高于市级工业园区、工业基地和区县级工业园区的平均值,具有显著的优势。而工业基地的单位面积工业产值为 40.30 亿元/平方公里,略高于区县级和市级工业园区;市级工业园区的单位面积工业产出为 38.46 亿元/平方公里,略高于区县级工业园区。可见,工业基地、市级工业园区并没有明显的级别优势(见图 4-11)。

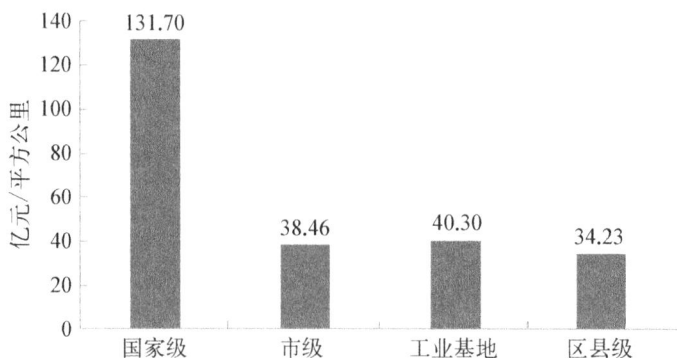

图 4-11　2009 年上海市工业园区的地均产出情况(按园区级别分)

注:上海化学工业区和国际汽车城零部件配套园区既是工业基地又是市级工业园区,因此,在按园区级别统计时,将这两个园区归入市级工业园区中进行计算。

从地理区位特征来看,离市中心越近的工业园区,其单位面积工业产值就越高。外环以内的工业园区的单位面积工业产值最高,为 78.05 亿元/平方公里;而外郊环以外的工业园区的单位面积工业产值最低,为 29.00 亿元/平方公里。从图 4-12 中可以看出,外环以内、外环至外郊环之间、外郊环以外的工业园区的单位面积工业产值呈阶梯式下降,且下降幅度明显。

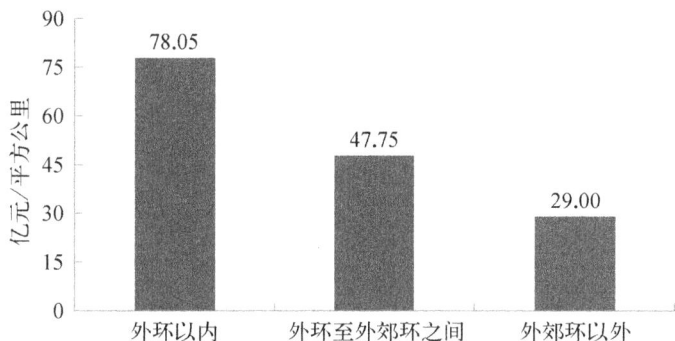

图 4-12　2009 年上海市工业园区的地均产出情况(按环线分)

从按是否临水的工业园区数据来看,靠近黄浦江和沿海的工业园区单位面积工业产值为 41.18 亿元/平方公里,明显低于不临水的工业园区,因此,临水的工业园区在地均产出方面并不具有优势(见图 4-13)。

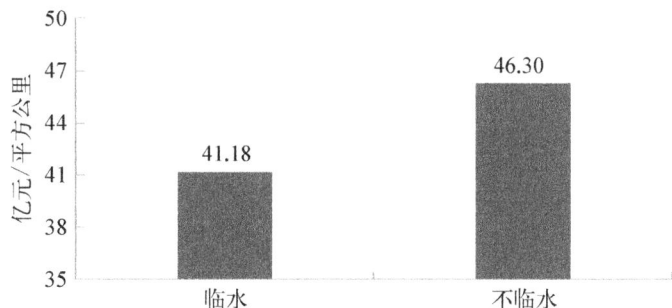

图 4-13　2009 年上海市工业园区的地均产出情况(按是否临水分)

从工业园区所属区/县来看,闵行区、中心城区、浦东新区的地均产出较高,分别为 94.41 亿元/平方公里、66.24 亿元/平方公里和 60.50 亿元/平方公里;而奉贤区、青浦区的地均产出较低,分别为 24.83 亿元/平方公里和 23.89 亿元/平方公里(见图 4-14)。

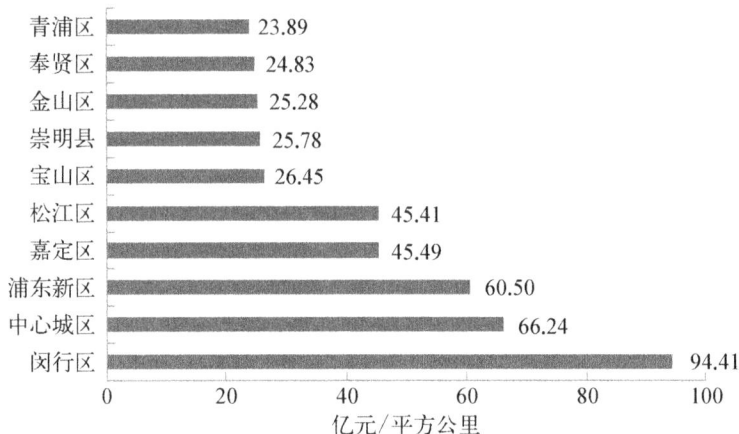

图 4-14　2009 年上海市工业园区的地均产出情况（按区县分）

　　从不同工业行业的地均产出来看,2005—2009 年,上海市 34 个工业行业中,烟草制品业,通信设备、计算机及其他电子设备制造业,仪器仪表及文化、办公用机械制造业,电力、热力的生产和供应业,交通运输设备制造业,有色金属冶炼及压延加工业和电气机械及器材制造业的地均产出一直高于行业平均水平。其中,烟草制品业和通信设备、计算机及其他电子设备制造业的单位土地产出率位于各行业的第一和第二位,2008 年达到峰值,分别为 758.51 亿元/平方公里和360.30 亿元/平方公里,是行业平均水平的 10.6 倍和 5.0 倍。同时,造纸及纸制品业,非金属矿物质制品业,木材加工及木、竹、藤、棕、草制品业,废弃资源和废旧材料回收加工业和水的生产和供应业等行业的单位土地产出率远低于行业平均水平(见表 4-5)。在这 34 个工业行业中,工艺品及其他制造业、橡胶制造业、农副食品加工业、专业设备制造业、食品制造业的平均增速位于各行业前列,分别为 14.10％、12.32％、11.43％、10.87％、10.71％。

表 4-5　2005—2009 年上海市 34 个工业行业单位土地产出率

单位：亿元/平方公里

行　　业	2005 年	2006 年	2007 年	2008 年	2009 年
烟草制品业	515.02	593.21	391.26	758.51	507.89
通信设备、计算机及其他电子设备制造业	283.37	314.20	344.48	360.30	332.34
电力、热力的生产和供应业	69.29	73.82	82.69	120.95	120.10

(续表)

行　　业	2005 年	2006 年	2007 年	2008 年	2009 年
仪器仪表及文化、办公用机械制造业	112.89	115.84	117.15	109.41	90.77
农副食品加工业	48.69	56.27	71.60	99.06	84.74
交通运输设备制造业	53.91	71.90	79.13	66.31	84.69
食品制造业	49.98	54.66	64.03	73.89	78.87
工艺品及其他制造业	41.04	51.75	68.80	75.36	77.08
有色金属冶炼及压延加工业	65.05	87.58	85.84	87.17	72.84
电气机械及器材制造业	58.47	72.73	83.59	78.19	72.56
饮料制造业	52.28	56.93	65.73	76.72	69.05
石油和天然气开采业	114.37	112.80	105.68	106.62	65.44
石油加工、炼焦及核燃料加工业	55.32	69.96	73.82	81.07	64.99
燃气生产和供应商	15.70	37.33	35.02	58.27	63.97
化学原料及化学制品制造业	45.76	51.32	63.77	54.09	61.04
医药制造业	37.60	42.84	48.08	47.29	58.09
通用设备制造业	45.15	52.58	59.09	58.34	57.72
纺织服装、鞋、帽制造业	49.11	53.20	51.69	56.46	56.99
专用设备制造业	33.58	38.47	42.68	48.90	53.27
印刷业和记录媒介的复制	44.06	45.31	50.15	48.50	49.28
皮革、皮毛、羽毛(绒)及其制品业	34.75	41.88	46.16	44.33	42.47
塑料制品业	35.38	37.54	44.24	46.29	42.28
橡胶制品业	20.96	23.91	44.19	40.20	40.60
黑色金属冶炼及压延加工业	40.27	40.34	48.49	50.48	39.38
家具制造业	35.41	42.27	48.65	37.39	38.85
金属制品业	34.62	39.44	45.17	44.73	35.58
造纸及纸制品业	26.60	29.80	36.08	37.70	35.31
文体教育用品制造业	39.18	42.18	43.57	38.54	34.93
纺织业	34.80	34.92	33.51	35.07	33.13
化学纤维制造业	35.69	36.70	69.87	35.44	33.02

行　　　业	2005 年	2006 年	2007 年	2008 年	2009 年
非金属矿物制品业	21.62	22.31	27.11	30.02	31.44
木材加工及木、竹、藤、棕、草制品业	26.56	31.85	32.01	25.50	24.86
废弃资源和废旧材料回收加工业	20.59	23.80	46.07	26.48	20.78
水的生产和供应业	5.88	6.51	10.25	7.39	7.62
行业平均	53.38	60.96	71.40	71.74	69.81

注：本表按照 2009 年数据降序排列。

资料来源：上海市发展和改革委员会，上海市统计局.上海产业转型发展系列课题研究报告之土地篇[R].2011.

2）单位面积固定资产投入

从 2009 年 97 个工业园区的地均固定资产投入来看，剔除异常值和缺失值，共有 86 个工业园区。地均固定资产投入可以反映出工业园区是否以资本密集型为特点。排名前十位的工业园区分别为朱家角工业开发区、闵北工业区、浦东新区机场经济园区、宝山钢铁基地、安亭汽车产业基地、金桥出口加工区、上海化学工业区、张江高科技园区、闵行经济技术开发区、马桥城镇工业地块。这些工业园区的地理区位特征是主要集中在外郊环以内，其中，张江高科技园区和金桥出口加工区位于外环以外。另外，这些工业园区中有 3 个国家级工业园区、3 个市级工业园区和 2 个工业基地。

排最后 10 名的工业园区分别是头桥城镇工业地块、吴淞工业基地、白鹤城镇工业开发区、富盛开发区、华亭城镇工业地块、泰顺城镇工业地块、青港经济园区、廊下城镇工业地块、川沙经济园区、临海城镇工业地块。这些工业园区中没有国家级工业园区，大多数为区县级工业园区，而且大部分位于外郊环附近和外郊环以外，只有吴淞工业基地位于外环附近。

从按园区级别分的数据来看，国家级工业园区的地均固定资产投入为 38.41 亿元/平方公里，其次是工业基地，地均固定资产投入为 30.66 亿元/平方公里，远高于市级工业园区和区县级工业园区。市级工业园区的地均固定资产投入为 21.26 亿元/平方公里，明显高于区县级工业园区（见图 4-15）。

从地理区位来看，位于外环以内的工业园区的地均固定资产投入最高，为

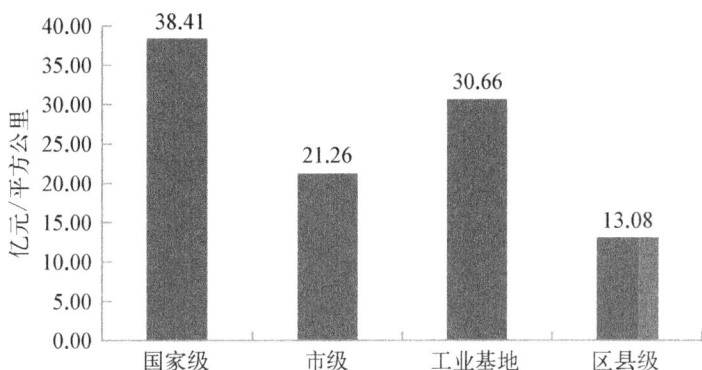

图4-15　2009年上海市工业园区地均固定资产投入情况（按园区级别分）

32.56亿元/平方公里；而位于外郊环以外的工业园区的地均固定资产投入最低，为18.98亿元/平方公里，略低于位于外环至外郊环之间的工业园区（见图4-16）。

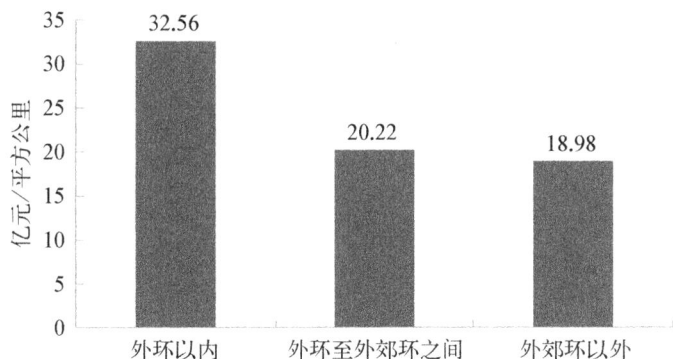

图4-16　2009年上海市工业园区地均固定资产投入情况（按环线分）

从是否临水的数据来看，临近黄浦江和沿海的工业园区地均固定资产投入为25.59亿元/平方公里，高于不临水的工业园区（见图4-17），这主要因为临水的工业园区以化工、钢铁以及大型装备为主导行业，这些行业以资本密集型为特点。

从工业园区所属区/县来看，闵行区、浦东新区、中心城区的地均固定资产投入较高，分别为37.80亿元/平方公里、29.88亿元/平方公里和25.06亿元/平方公里；而奉贤区、青浦区的地均固定资产投入较低，分别为12.66亿元/平方公里和10.45亿元/平方公里（见图4-18）。

从不同工业行业的地均固定资产投入来看，2005—2009年，上海市34个工业行业中，烟草制品业，石油和天然气开采，电力、热力的生产和供应业，通信设

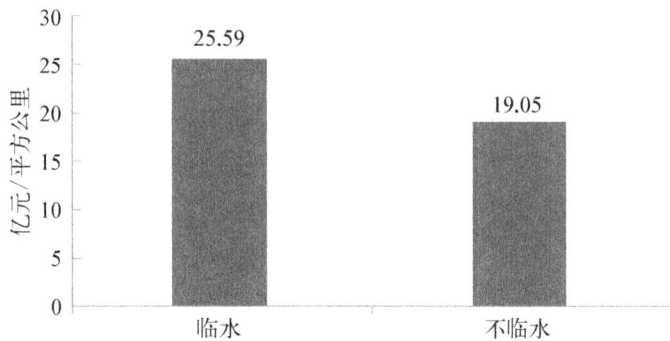

图 4-17　2009 年上海市工业园区地均固定资产投入情况(按是否临水分)

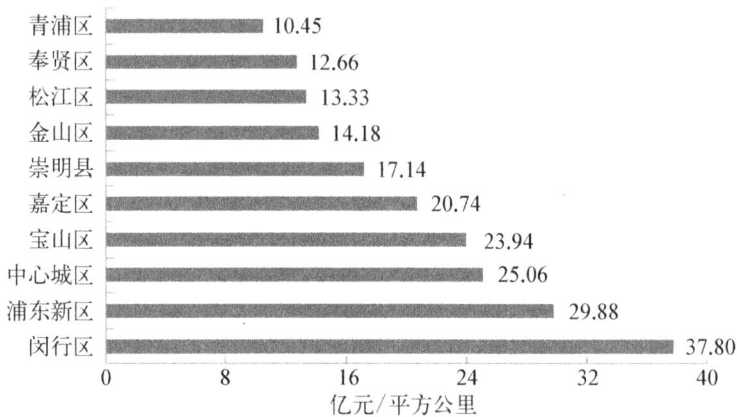

图 4-18　2009 年上海市工业园区地均固定资产投入情况(按区县分)

备、计算机及其他电子设备制造业,仪器仪表及文化、办公用机械制造业,燃气的
生产和供应业和交通运输设备制造业的地均固定资产投入一直高于行业平均水
平。其中,烟草制品业,石油和天然气开采业的地均固定资产投入一直位于各行
业的第一、第二位,烟草制品业在 2008 年达到峰值,其地均固定资产投入为
1 437.90 亿元/平方公里,是行业平均水平的 22.1 倍;而石油和天然气开采业在
2005 年达到峰值,其地均固定资产投入为 244.13 亿元/平方公里,是行业平均水
平的 4.5 倍。同时,废弃资源和废旧材料回收加工业,家具制造业,文教体育用
品制品业,木材加工及木、竹、藤、棕、草制品业等行业的地均固定资产投入远低
于行业平均水平(见表 4-6)。在这 34 个工业行业中,橡胶制造业、农副食品加
工业、专业设备制造业、通用设备制造业、工艺品及其他制造业的平均增速位于
各行业前列,分别为 13.53%、12.82%、11.72%、9.62%、8.70%。

表 4-6 2005—2009 年上海市 34 个工业行业单位面积固定资产投入

单位：亿元/平方公里

行 业	2005 年	2006 年	2007 年	2008 年	2009 年
烟草制品业	1 016.50	1 178.74	738.51	1 437.90	918.84
石油和天然气开采业	244.13	235.77	237.57	235.10	215.87
通信设备、计算机及其他电子设备制造业	199.85	195.28	194.05	183.71	192.87
电力、热力的生产和供应业	141.85	153.15	165.97	184.35	190.27
燃气生产和供应业	64.85	58.74	64.58	109.70	124.09
交通运输设备制造业	64.68	81.89	90.17	76.65	93.26
仪器仪表及文化、办公用机械制造业	85.96	93.69	101.23	92.03	92.50
食品制造业	56.06	58.62	66.69	71.99	76.57
通用设备制造业	46.92	51.64	60.69	63.30	70.58
医药制造业	52.71	57.29	61.23	62.43	70.45
专用设备制造业	40.22	44.99	47.26	53.36	66.74
化学原料及化学制品制造业	47.70	55.26	63.67	61.27	66.22
电气机械及器材制造业	49.86	56.37	61.73	57.77	62.13
饮料制造业	50.36	53.25	64.94	58.84	61.30
印刷业和记录媒介的复制	60.68	57.36	62.38	58.21	60.37
黑色金属冶炼及压延加工业	52.41	53.42	59.23	59.43	59.71
工艺品及其他制造业	39.98	48.04	55.39	51.01	58.86
农副食品加工业	33.73	40.78	50.12	54.90	58.81
水的生产和供应业	39.59	43.97	70.18	51.99	55.88
有色金属冶炼及演员加工业	38.63	43.28	46.17	51.64	53.62
橡胶制品业	23.89	25.40	46.67	44.43	48.10
纺织服装、鞋、帽制造业	34.36	35.31	35.51	42.78	46.70
塑料制品业	38.33	38.61	42.00	42.93	43.84
纺织业	34.52	34.13	32.13	34.36	39.77
化学纤维制造业	43.19	41.37	59.99	37.41	39.53
非金属矿物制品业	27.78	28.51	34.60	36.33	38.73
造纸及纸质品业	27.52	30.07	36.34	35.56	37.47

行　　业	2005 年	2006 年	2007 年	2008 年	2009 年
皮革、皮毛、羽毛（绒）及其制品业	27.21	33.06	35.83	33.82	36.01
石油加工、炼焦及核燃料加工业	28.69	33.80	39.05	34.07	34.33
金属制品业	28.93	33.58	35.77	34.47	34.28
文教体育用品制造业	29.99	32.85	34.17	30.80	31.08
家具制造业	24.12	27.70	32.49	24.88	29.22
木材加工及木、竹、藤、棕、草制品业	24.88	27.46	29.13	28.05	28.27
废弃资源和废旧材料回收加工业	18.69	25.72	25.39	15.46	16.01
行业平均	53.84	58.84	66.26	64.97	71.27

注：本表按照 2009 年数据降序排列。

资料来源：上海市发展和改革委员会，上海市统计局.上海产业转型发展系列课题研究报告之土地篇[R].2011.

3）单位面积劳动力投入

从 2009 年 97 个工业园区的地均就业人数来看，剔除异常值和缺失值，共有 86 个工业园区。地均就业人数可以用来表示工业园区的劳动力密集程度。排名前十位的分别是浦江城镇工业地块、漕河泾开发区浦江园区、北蔡城镇工业地块、外冈城镇工业地块、欣梅城镇工业地块、马桥城镇工业地块、浦东新区机场经济园区、奉城经济园区、金桥出口加工区、闵行经济技术开发区。其中，有 3 个国家级工业园区，6 个区县级工业园区。从地理区位来看，劳动力密集型工业园区主要集中在外郊环以内，其中，北蔡城镇工业地块和金桥出口加工区位于外环以内。

排名后十位的工业园区分别是吴淞工业基地、白鹤城镇工业开发区、黄渡工业园区、临港重装备产业基地、上海化学工业区、头桥城镇工业地块、化学工业区奉贤分区、宝山钢铁基地、富盛开发区、庄行城镇工业地块。其中，有 5 个工业基地和 3 个市级工业园区，且大部分位于外郊环以外或外郊环附近。

从按园区级别分的地均就业人数的数据来看，国家级工业园区的地均就业人数最多，为 11.70 千人/平方公里；其次是区县级工业园区，其地均就业人数为 7.14 千人/平方公里；工业基地的地均就业人数最低，为 2.91 千人/平方公里（见图 4-19）。

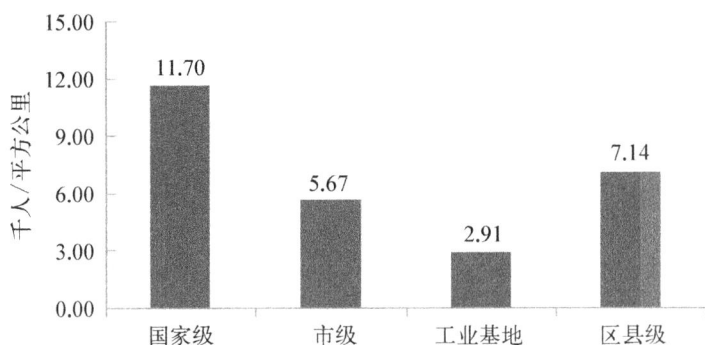

图 4-19 2009 年上海市工业园区的地均就业人数(按园区级别分)

从地理区位特征来看,外环以内的工业园区地均就业人数最多,为 8.51 千人/平方公里;而外郊环以外的工业园区地均就业人数最少,只有 4.64 千人/平方公里。从图 4-20 中可以看出,外环以内、外环至外郊环之间、外郊环以外的工业园区的地均就业人数呈阶梯式下降,且下降幅度明显。

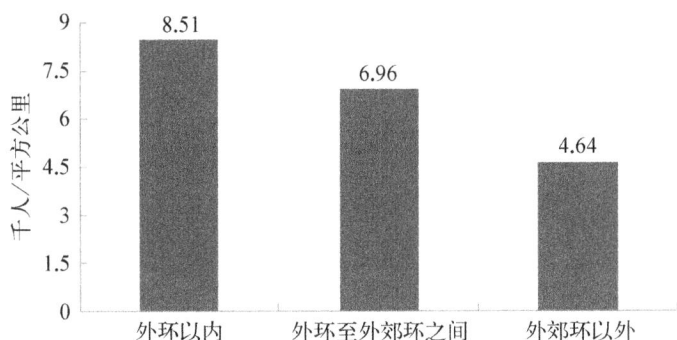

图 4-20 2009 年上海市工业园区地均就业人数(按环线分)

从工业园区是否临水来看,靠近黄浦江和沿海的工业园区的地均就业人数为 4.85 千人/平方公里,要高于不临水的工业园区(见图 4-21),这主要是因为资本密集型的产业(如化工、钢铁、重型装备等)大多选择临水的工业园区。

从工业园区所属区/县来看,闵行区、浦东新区、中心城区的地均就业人数较高,分别为 12.44 千人/平方公里、7.92 千人/平方公里和 7.87 千人/平方公里;而崇明县、奉贤区的地均就业人数较低,分别为 3.69 千人/平方公里和 2.98 千人/平方公里(见图 4-22)。

2005—2009 年,石油和天然气开采业,石油加工、炼焦及核燃料加工业,以

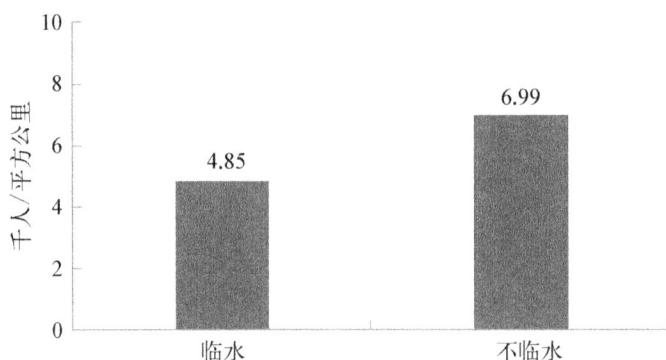

图 4-21 2009 年上海市工业园区地均就业人数（按是否临水分）

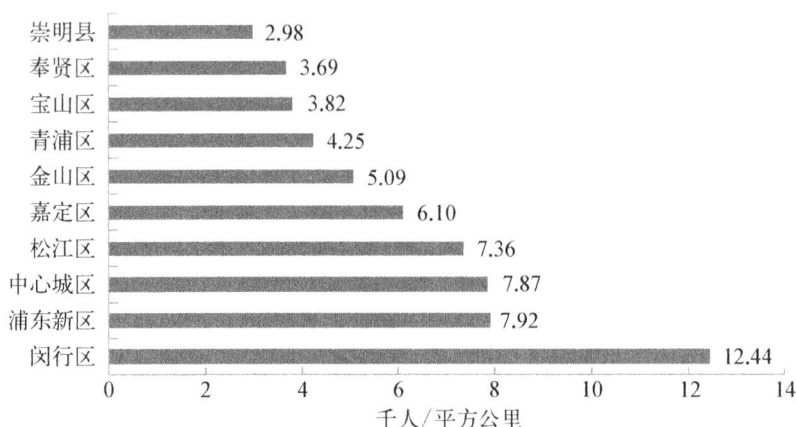

图 4-22 2009 年上海市工业园区地均就业人数（按区县分）

及黑色金属冶炼及压延加工业，这 3 个行业一直是 34 个工业行业中单位面积劳动力投入最低的，土地产出效率更多地依赖资本投资因素，体现了石化、钢铁产业的资本密集型特征；而纺织服装、鞋、帽制造业，通信设备、计算机及其他电子设备制造业，以及仪器仪表及文化、办公用机械制造业，这 3 个行业的单位面积劳动力投入最高，远高于行业平均水平，呈现了劳动密集型行业特征。以 2009 年为例，纺织服装、鞋、帽制造业和通信设备，计算机及其他电子设备制造业的单位面积劳动力投入分别为 27.09 千人/平方公里和 23.53 千人/平方公里，为行业平均水平的 3.3 倍和 2.9 倍；而石油和天然气开采业和黑色金属冶炼及压延加工业的单位面积劳动力投入分别 0.98 千人/平方公里和 1.23 千人/平方公里，为行业平均水平的 0.12 倍和 0.15 倍（见表 4-7）。

表 4-7 2005—2009 年上海市 34 个工业行业单位面积劳动力投入

单位：千人/平方公里

行　　　业	2005 年	2006 年	2007 年	2008 年	2009 年
纺织服装、鞋、帽制造业	31.65	28.63	26.37	27.54	27.09
通信设备、计算机及其他电子设备制造业	22.65	24.71	25.47	26.51	23.53
仪器仪表及文化、办公用机械制造业	20.65	20.96	22.56	20.97	18.32
皮革、皮毛、羽毛（绒）及其他制品业	18.64	19.38	19.61	18.98	17.65
食品制造业	12.35	13.00	12.09	13.74	13.35
印刷业和记录媒介的复制	14.89	13.90	14.03	12.91	12.92
文教体育用品制造业	18.24	17.63	17.37	14.31	12.78
纺织业	16.52	15.43	13.42	13.32	12.43
工艺品及其他制造业	14.36	15.61	15.09	13.81	11.83
电气机械及器材制造业	11.95	12.27	13.30	11.72	11.10
橡胶制品业	7.13	7.35	12.12	10.46	10.76
农副食品加工业	6.58	7.78	8.64	9.72	10.59
塑料制品业	10.83	11.12	11.82	11.38	10.33
家具制造业	11.54	12.27	13.21	10.92	9.91
专用设备制造业	9.40	9.78	9.29	9.16	9.59
医药制造业	8.93	9.34	10.07	8.90	9.21
金属制品业	9.29	9.71	9.31	9.60	8.87
通用设备制造业	8.81	8.66	8.20	8.06	7.76
造纸及纸制品业	6.32	6.40	7.10	6.98	6.89
木材加工及木、竹、藤、棕、草制品业	8.40	9.25	8.58	6.56	6.82
有色金属冶炼及压延加工业	9.15	8.69	8.36	8.28	6.81
交通运输设备制造业	7.48	7.54	7.34	6.82	6.72
饮料制造业	7.15	6.59	6.02	5.53	5.53
烟草制品业	11.97	10.77	5.55	9.02	5.50
燃气生产和供应业	5.59	5.14	5.28	4.83	5.50
非金属矿物制品业	5.17	4.97	5.46	5.35	5.39
化学纤维制造业	6.44	5.70	5.43	5.11	4.60

行　　业	2005 年	2006 年	2007 年	2008 年	2009 年
化学原料及化学制品制造业	4.91	4.37	4.54	4.31	4.32
废弃资源和废旧材料回收加工业	2.86	2.80	2.71	1.84	2.22
水的生产和供应业	2.19	2.29	3.38	2.39	2.00
电力、热力的生产和供应业	2.76	2.47	2.41	2.10	1.95
石油加工、炼焦及核燃料加工业	1.74	1.89	1.83	1.73	1.62
黑色金属冶炼及压延加工业	1.60	1.59	1.38	1.32	1.23
石油和天然气开采业	1.02	0.93	0.95	1.04	0.98
行业平均	8.79	8.76	9.05	8.68	8.23

注：本表按照 2009 年数据降序排列。

资料来源：上海市发展和改革委员会，上海市统计局.上海产业转型发展系列课题研究报告之土地篇[R].2011.

4.2　剔除区位因素对工业园区土地生产率的影响

4.2.1　剔除区位因素的方法

Solow(1957)假设生产函数为希克斯技术中性，规模报酬不变：$Q_t = A_t F(K_t, L_t)$。对生产函数求全微分，得到

$$\dot{Q}_t = \dot{A}_t F(K_t, L_t) + A_t \frac{\partial F(K_t, L_t)}{\partial K_t} \cdot \dot{K}_t + A_t \frac{\partial F(K_t, L_t)}{\partial L_t} \cdot \dot{L}_t \quad (4-1)$$

$$\frac{\dot{Q}_t}{Q_t} = \frac{\partial Q}{\partial K} \frac{K_t}{Q_t} \frac{\dot{K}_t}{K_t} + \frac{\partial Q}{\partial L} \frac{L_t}{Q_t} \frac{\dot{L}_t}{L_t} + \frac{\dot{A}_t}{A_t} \quad (4-2)$$

其中，$\dfrac{\partial Q}{\partial K} = \dfrac{r_t}{p_t}, \dfrac{\partial Q}{\partial L} = \dfrac{w_t}{p_t}$

投入要素的弹性可以用 S_t^K 和 S_t^L 表示，则

$$R_t = \frac{\dot{Q}_t}{Q_t} - S_t^K \frac{\dot{K}_t}{K_t} - S_t^L \frac{\dot{L}_t}{L_t} = \frac{\dot{A}_t}{A_t} \quad (4-3)$$

其中，R_t 表示索洛残差，即没有被投入要素增长所解释的产出增长率。

同样,可以用回归方程中的残差来表示没有被区位因素所解释的其他因素对工业用地的土地生产率的影响,具体方法如下:

假设回归方程为 $Y = \beta_0 + \beta_1 X_1 + \beta_2 X_2 + \cdots + \beta_k X_k + u$。 其中,$Y$ 表示工业园区的土地产出效率(即单位面积工业产值),X_1,X_2,$\cdots$,X_k 表示区位变量。在给定 X 的情况下,对参数进行估计,然后得出 Y 的预测值,即 $\hat{Y}$:$\hat{Y} = \hat{\beta}_0 + \hat{\beta}_1 X_1 + \hat{\beta}_2 X_2 + \cdots + \hat{\beta}_k X_k$。 残差为 $u = Y - \hat{Y}$。

通过回归得到的预测值 $\hat{Y}$ 表示区位因素对工业园区土地产出效率的影响,那么残差 u 则表示除了区位因素以外,其他因素对土地产出效率的影响。

被解释变量的离差平方和为 $\sum_{i=1}^{n}(Y_i - \overline{Y})^2 = \sum_{i=1}^{n}(\hat{Y}_i - \overline{Y})^2 + \sum_{i=1}^{n}e_i^2$,其中,$\overline{Y} = \frac{1}{n}\sum_{i=1}^{n}Y_i$ 为样本的均值。上式表明被解释变量 Y_i 偏离其样本均值的因素可分为两部分:一是可以由回归模型解释的部分,即 $\sum_{i=1}^{n}(\hat{Y}_i - \overline{Y})^2$;二是无法由回归模型解释的残差部分,即 $\sum_{i=1}^{n}e_i^2$。 而拟合优度 R^2 表示由回归方程所能解释的因变量变化的百分比,具体公式为

$$0 \leqslant R^2 = \frac{\sum_{i=1}^{n}(\hat{Y}_i - \overline{Y})^2}{\sum_{i=1}^{n}(Y_i - \overline{Y})^2} = 1 - \frac{\sum_{i=1}^{n}e_i^2}{\sum_{i=1}^{n}(Y_i - \overline{Y})^2} \leqslant 1 \qquad (4-4)$$

4.2.2 数据来源与变量选取

本章根据上海市开发区信息报送系统中的数据,结合上海市规划的 104 个产业地块,通过对相同名称的工业园区进行合并,得到 2006—2009 年上海市 97 个工业园区的数据。

本章用单位面积工业产值(Output)来表示工业园区的土地产出效率(单位为亿元/平方公里),共有 388 个数据,其中有 78 个缺失值,然后去除异常值(即地均产出大于 500 亿元/平方公里或小于 1 亿元/平方公里)后,得到 301 个观察值。

在企业区位选择的实证研究中,采用的区位变量有:到 CBD 的距离(D_CBD),用来表示土地成本;到最近的高速公路的距离(D_Freeway)、是否临水(Water)、到最近地铁站的距离(Metro),表示运输成本和交通通达性;是否为国

家级工业园区(National)、市级工业园区(Shanghai)、工业基地(JD)用来表示政策因素。本章的区位因素是指工业园区的特定地理位置,如到 CBD 的距离、到最近高速公路的距离、是否临水、到最近地铁站的距离,而是否为国家级工业园区、是否为市级工业园区、是否为工业基地则表示该特定区位上的政策差异(见表 4-8)。而第 3 章涉及的集聚经济是用工业园区的制造业企业数目来表示,这是与企业相关的数据,因此,本章将不考虑集聚经济对工业园区土地产出效率的影响。各变量的统计描述见表 4-9。

表 4-8　区位变量定义

变量名称	变量定义	预期符号
D_CBD	各工业园区到上海市人民广场市政府所在地的直线距离(公里)	—
D_Freeway	各工业园区到最近高速公路的直线距离(公里)	—
Metro	虚拟变量:工业园区到最近地铁站的直线距离小于 3 公里的,为 1;否则为 0	+
Water	是否临水,虚拟变量:是为 1,否为 0	+
National	是否为国家级工业园区,虚拟变量:是为 1,否为 0	+
Shanghai	是否为市级工业园区,虚拟变量:是为 1,否为 0	+
JD	是否为工业基地,虚拟变量:是为 1,否为 0	+

表 4-9　主要变量的统计性描述

变量名称	观察值	平均值	标准差	最小值	最大值
Output	301	44.104	62.084	2.07	481.45
D_CBD	301	30.995	12.725	7.62	60.43
D_Freeway	301	3.129	4.007	0	27.20
Metro	301	0.066	0.249	0	1
Water	301	0.292	0.456	0	1
National	301	0.073	0.304	0	1
Shanghai	301	0.548	0.499	0	1
JD	301	0.103	0.304	0	1

通过分析地均产出和对地均产出取自然对数后的正态分布图(见图 4 - 23、图 4 - 24),发现对因变量取对数后可以使其明显降低波动幅度,更符合正态分布,因此,为了提高回归方程的精确度,本研究选择对地均产出取自然对数作为因变量。

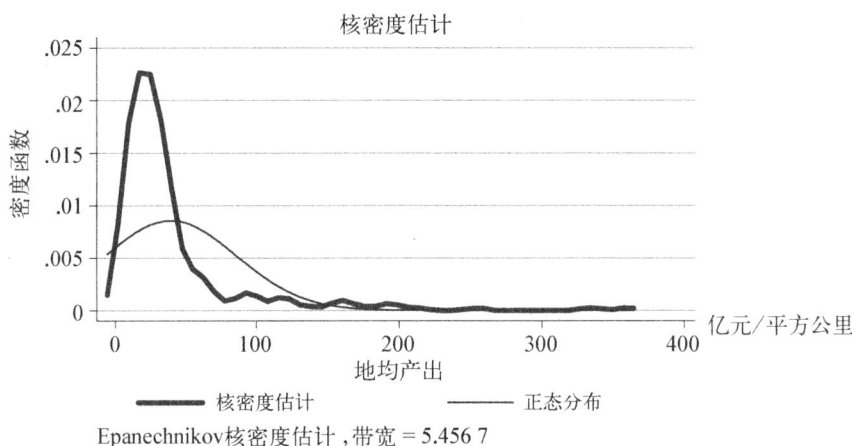

图 4 - 23　地均产出的正态分布检验图

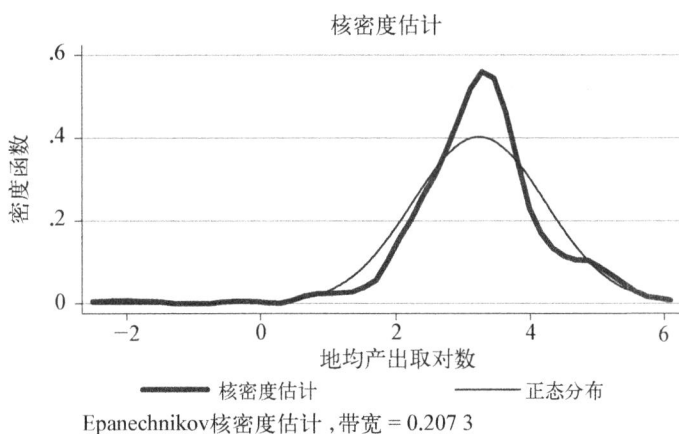

图 4 - 24　地均产出取对数后的正态分布检验图

4.2.3　计量模型

面板数据可以解决遗漏变量的问题,即由个体差异或"异质性"造成的。估计面板数据的一个极端的做法是将其看成截面数据而进行混合回归(pooled regression），即要求样本中每个个体都拥有完全相同的回归方程。该方法忽略了个体间不可观测或被遗漏的异质性，而该异质性可能与解释变量相关从而导致估计的不一致。另一种极端的做法是为每个个体估计一个单独的回归方程，该方法则忽略了个体间的共性。在实践中采用折中的估计策略，即假设个体的回归方程拥有相同的斜率，但可以有不同的截距项，这种模型被称为"个体效应模型"（individual-specific effects model）。该模型可以分为两类，即固定效应模型（fixed effects model，FE）和随机效应模型（random effects model，RE）。

$$Y_{it} = \beta_0 + \beta_1 X_{1, it} + \beta_2 X_{2, it} + \cdots + \beta_k X_{k, it} + \delta Z_i + \varepsilon_{it} \qquad (4-5)$$

其中，Z_i 为不随时间变化的个体特征。假设 $\alpha_i = \beta_0 + \delta Z_i$，那么公式（4-5）则变为

$$Y_{it} = \beta_1 X_{1, it} + \beta_2 X_{2, it} + \cdots + \beta_k X_{k, it} + \alpha_i + \varepsilon_{it} \qquad (4-6)$$

将公式（4-6）两边对时间取平均得到

$$\overline{Y}_i = \beta_1 \overline{X}_{1, i} + \beta_2 \overline{X}_{2, i} + \cdots + \beta_k \overline{X}_{k, i} + \alpha_i + \overline{\varepsilon}_i \qquad (4-7)$$

由（4-6）式减去（4-7）式，并令 $Y_{it}^* = Y_{it} - \overline{Y}_i$，$X_{1, it}^* = X_{1, it} - \overline{X}_{1, i}$，$\cdots$，$\varepsilon_{it}^* = \varepsilon_{it} - \overline{\varepsilon}_i$，得到

$$Y_{it}^* = \beta_1 X_{1, it}^* + \beta_2 X_{2, it}^* + \cdots + \beta_k X_{k, it}^* + \varepsilon_{it}^* \qquad (4-8)$$

其中，β_1，β_2，$\cdots$，β_k 可以用最小二乘法（ordinary least square，OLS）来估计。也可以通过引入虚拟变量来表示不同的个体，并能得到与上述模型同样的结果。这种表示固定效应的方法称为"最小二乘虚拟变量模型"（least square dummy variable model，LSDV）。则（4-6）式则变为

$$Y_{it} = \beta_0 + \beta_1 X_{1, it} + \cdots + \beta_k X_{k, it} + \gamma_2 D2_i + \gamma_3 D3_i + \cdots + \gamma_n Dn_i + \varepsilon_{it}$$

$$(4-9)$$

其中，当 $i=2$ 时 $D2_i = 1$，否则 $D2_i = 0$；其余虚拟变量以此类推。（4-9）式中只采用了 $n-1$ 个虚拟变量，主要是为了解决多重共线性的问题。

固定效应模型中还包括时间效应模型，即变量不随个体而不同，但随着时间而变化。可以用式（4-10）来表示：

$$Y_{it} = \beta_1 X_{1,it} + \beta_2 X_{2,it} + \cdots + \beta_k X_{k,it} + \lambda_t + \varepsilon_{it} \qquad (4-10)$$

同样,(4-10)式也可以通过引入时间虚拟变量来表示:

$$Y_{it} = \beta_0 + \beta_1 X_{1,it} + \cdots + \beta_k X_{k,it} + \alpha_2 B2_t + \alpha_3 B3_t + \cdots + \alpha_T BT_t + \varepsilon_{it}$$
$$(4-11)$$

当然,也可以同时用个体效应和时间效应来表示固定效应模型:

$$Y_{it} = \beta_1 X_{1,it} + \beta_2 X_{2,it} + \cdots + \beta_k X_{k,it} + \alpha_i + \lambda_t + \varepsilon_{it} \qquad (4-12)$$

如果认为个体之间的差异是随机的,即假设 α_i 为随机变量,与 X 不相关,则可以得到随机效应模型为

$$Y_{it} = \beta_1 X_{1,it} + \beta_2 X_{2,it} + \cdots + \beta_k X_{k,it} + i\alpha_i + \varepsilon_{it} \qquad (4-13)$$

上述模型也可以写成

$$Y_{it} = \beta_1 X_{1,it} + \beta_2 X_{2,it} + \cdots + \beta_k X_{k,it} + u_{it} \qquad (4-14)$$

其中,$u_{it} = i\alpha_i + \varepsilon_{it}$,即模型中的误差项是由两种随机误差之和构成。

本章选择的自变量为特定区位的地理因素、政策因素,可能还存在较多遗漏变量,因此,假设个体之间是存在差异的。

4.2.4　回归结果与分析

从模型的差别来看,固定效应模型假设没有包含在解释变量中的个体差异是与解释变量相关的,即 $corr(\alpha_i, X) \neq 0$;而随机效应模型中假设个体差异变量与解释变量是不相关的,即 $corr(\alpha_i, X) = 0$。本章所选择的解释变量(即区位因素变量)是工业园区的地理区位特征和政策因素,其中,回归数据是从 2006—2009 年,由于时间跨度较短,特定的地理区位变量(如工业园区到市中心的距离、到最近高速公路的距离、是否临水、是否邻近地铁站)并没有随着时间而变动,因此可以理解为个体效应。而没有包含在解释变量中的个体差异主要是与企业特征相关的变量,比如工业园区内的制造业集聚程度或是某行业的集聚效应、企业规模、技术水平等。其中,集聚效应受到地理区位和政策因素的影响,因此,随机效应模型并不适用。需要注意的是,自变量中有 5 个虚拟变量,采用

STATA 中的固定效应进行回归可能会由于多重共线性问题而自动省略某些变量，因而无法得到所有变量的参数估计。最小二乘虚拟变量(LSDV)回归可以得到与固定效应回归类似的参数估计，因此，本章用 LSDV 代替固定效应模型。另外，还需要考虑时间效应，即有些没有包含在解释变量中、随时间变化但不随个体差异而变化的变量，如城市的经济发展状况、产业政策等。因此，本章选用带有时间虚拟变量的 LSDV 回归模型，具体公式如下：

$$\ln output_{it} = \beta_0 + \beta_1 National_{it} + \beta_2 Shanghai_{it} + \beta_3 JD_{it} + \beta_4 D\_CBD_{it}$$

$$+ \beta_5 D\_Freeway_{it} + \beta_6 Water_{it} + \beta_7 Metro_{it} + \alpha_1 Year2007$$

$$+ \alpha_2 Year2008 + \alpha_3 Year2009 + \varepsilon_{it} \qquad (4-15)$$

由表 4-10 看出，时间虚拟变量的系数都不显著，而且 F 检验显示接受零假设(即时间虚拟变量的系数都为零)，不存在时间效应。不存在时间效应的主要原因是本章所采用 2006—2009 年的数据，在短时间内城市的经济发展状况、产业政策等环境变量不会有明显变化，因此，可以认为并不存在时间效应。

表 4-10 最小二乘虚拟变量(LSDV)的回归结果

	LSDV(1)	LSDV(2)	LSDV(3)	LSDV(4)	LSDV(5)	LSDV(6)
National	1.511*** (7.57)	1.314*** (6.48)	1.320*** (6.52)	1.338*** (6.57)	1.463*** (7.10)	1.463*** (7.41)
Shanghai	0.367*** (3.34)	0.370*** (3.44)	0.378*** (3.52)	0.383*** (3.56)	0.393*** (3.80)	0.393*** (3.79)
JD	0.168 (1.03)	0.256 (1.58)	0.264 (1.63)	0.317* (1.82)	0.324** (2.08)	0.326* (1.95)
D_CBD		−0.014 3*** (−3.63)	−0.037 8*** (−3.44)	−0.013 3*** (−3.34)	−0.019 7*** (−4.96)	−0.019 7*** (−4.89)
D_Freeway			−0.018 4 (−1.56)	−0.014 5 (−1.14)	−0.021 8* (−1.91)	−0.021 6* (−1.75)
Water				−0.101 (−0.84)		−0.003 6 (−0.03)
Metro					−0.989*** (−5.02)	−0.988*** (−4.93)

（续表）

	LSDV(1)	LSDV(2)	LSDV(3)	LSDV(4)	LSDV(5)	LSDV(6)
Constant	2.943*** (18.15)	3.387*** (16.88)	3.417*** (16.99)	3.419*** (16.99)	3.667*** (18.37)	3.667*** (18.33)
Time Effects	Yes	Yes	Yes	Yes	Yes	Yes
Number of obs	301	301	301	301	301	301
F statistics (time effects)	1.47 (0.221 7)	1.52 (0.209 0)	1.59 (0.191 8)	1.52 (0.209 6)	1.52 (0.209 7)	1.51 (0.212 6)
F statistics (Prob>F)	10.69 (0.000 0)	11.42 (0.000 0)	10.34 (0.000 0)	9.26 (0.000 0)	12.75 (0.000 0)	11.44 (0.000 0)
Adjusted R - sq	0.162 3	0.195 5	0.199 4	0.198 6	0.260 7	0.258 1

注：各解释变量系数下方的括号中为 t 统计量，***、**、* 分别表示在 1%、5% 和 10% 水平上显著。

由 LSDV(1)看出，当区位变量仅包括园区级别时，能在 16.23% 的程度上解释工业园区土地产出效率的变化，国家级和市级工业园区的变量系数在 1% 水平上显著，而产业基地的变量系数在统计上不显著。可见，是否为国家级或市级工业园区相对于其他区位变量来说，对土地产出效率的影响最大。由 LSDV(6)看出，国家级和市级工业园区的变量系数都为正，且在 1% 水平上显著，这说明国家级或市级工业园区的土地产出效率较高，主要原因是级别较高的工业园区受到上一级政府的重视程度较高，进入园区的项目质量也较好。同样表示政策因素的区位变量 JD 的系数也为正，在 10% 水平上显著，说明作为上海市重点发展产业基地，对进入企业有一定要求，其土地产出效率较高。国家级工业园区的系数为 1.463，明显大于市级工业园区的系数 0.393。这说明与市级工业园区相比，国家级工业园区在地均产出上有显著优势，即当其他变量保持不变时，如果工业园区为国家级，那么其土地产出效率会增加 146.3%。

在 LSDV(2)中除了园区级别的区位变量外，增加了到市中心距离的变量。该变量的系数为负且在 1% 水平上显著。这表示离市中心越近，则土地价格（地租）越高，土地产出率也越高。另外，从拟合优度来看，调整后的 R 平方从 16.23% 上升到 19.55%。可见，虽然到市中心的距离对工业园区土地产出效率的影响不如园区级别，但对土地产出效率也有较大影响。在 LSDV(6)中，到市中心的距离的系数同样为负,且在 1％水平上显著。说明在其他变量保持不变的情况下,到市中心的距离增加 1 公里,工业园区土地产出效率会下降 1.97％。这与实际相符,工业用地的土地价格本来就低于商业用地和居住用地,且价格上并没有体现出明显的区位优势,也就是说工业用地的土地价格与到市中心距离之间的斜率较为平缓(见图 4-25)。由图 4-25 看出,工业用地的地均产出与到市中心的距离之间的斜率为负且凸向原点,这与阿隆索的竞租模型结果基本一致,区别在于斜率更为平坦一些,而且是用土地产出效率代替地租。

单位:亿元/平方公里

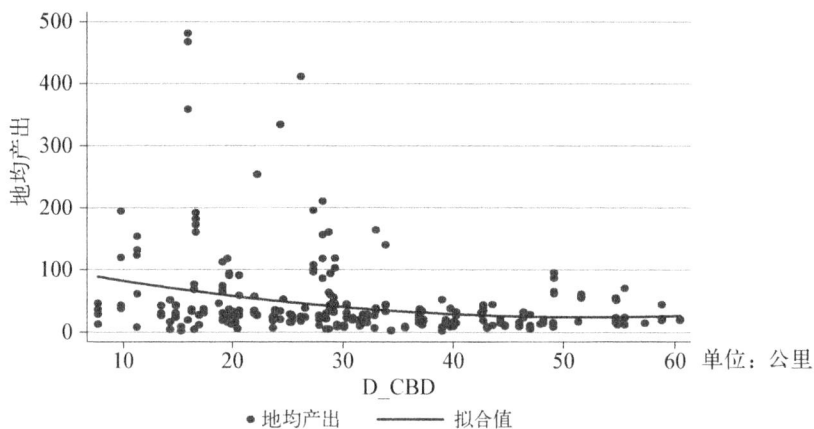

图 4-25　工业用地地均产出与到市中心距离的关系图

从 LSDV(3)中可以看出,到最近高速公路的距离的变量系数为负,但在统计上不显著。而且从拟合优度上来看,调整后的 R 平方与 LSDV(2)相比只是略有上升,从 19.55％上升到 19.94％。可见,到最近高速公路的距离对工业园区土地产出效率变动的贡献并不大。从 LSDV(6)中可以看出,到最近高速公路的距离的系数为负且在 10％水平上显著。这说明工业园区离高速公路越近,其运输成本就越低,则工业园区的土地产出效率就越高。当其他变量保持不变时,到最近高速公路的距离增加 1 公里,则工业园区土地产出效率将下降 2.16％。

从 LSDV(4)中可以看出,同样表示运输成本的变量,即工业园区是否临水 Water,其系数在统计上不显著。而且从拟合优度上来看,调整后的 R 平方与 LSDV(3)相比反而略有下降,从 19.94％下降到 19.86％。可见,工业园区是否临水对土地产出效率的影响很小。另外,从 LSDV(6)中可以看出,该变量的系数在统计上不显著。

表示交通通达性的变量,即工业园区是否邻近地铁站 Metro,与预期的有所差异。原本预期工业园区离地铁站越近,其土地产出效率就越高。这主要考虑到信息技术产业偏好选择交通通达性较好的工业园区,而且信息技术产业的单位面积工业产值明显高于其他行业。但从 LSDV(5)和 LSDV(6)的回归结果来看,该变量的系数为负且在 1%的水平上显著,表明工业园区离地铁站越远,工业园区的地均产出就越高。从上海的实际情况来看,离地铁站近的工业园区中,除了张江高科技园区和漕河泾新兴技术开发区外,大部分不是高科技园区。另外,一些工业园区的主要行业的土地产出效率较低。根据 2005—2009 年上海市34 个行业的土地产出率数据可以看出,化学原料及化学制品制造业、通用设备制造业、专用设备制造业、塑料制品业、金属制品业,以及纺织服装、鞋、帽制造业的单位面积工业产值都低于行业平均水平。例如,2008 年月杨工业园区中,企业所属行业为金属制品业、通用设备制造业、专业设备制造业和塑料制品业的比例分别为 29.66%、21.19%、5.93%和 4.24%;顾村工业园区中,企业所属行业为通用设备制造业、金属制品业、专业设备制造业和化学原料及化学制品业的比例分别为 31.19%、15.60%、8.26%和 4.59%;吴淞工业基地中,企业所属行业为金属制品业、通用设备制造业、化学原料及化学制品制造业和专业设备制造业的比例分别为 19.81%、14.15%、8.49%和 7.55%;高桥老工业区城镇工业地块中,企业所属行业为化学原料及化学制品制造业和塑料制品制造业的比例分别为27.27%和 13.64%;等等。可见,由于大多数靠近地铁站的工业园区中,主要行业的土地产出效率低于 2005—2009 年上海市 34 个工业行业的平均水平,导致工业园区的土地产出效率较低。

4.3　剔除区位因素后的工业园区土地产出效率情况

通过采用最小二乘虚拟变量模型对工业园区地均产出进行回归,结果显示区位因素(地理区位和园区级别)在 25.81%的程度上解释了各工业园区土地产出效率的差异。

由于上述回归方程中将地均产出取自然对数作为自变量,所以直接计算出来的残差为 $u = \ln Y - \ln \hat{Y}$(其中 Y 表示地均产出),但该残差从数值上较难解释。因此,将回归得到的地均产出的期望值进行转换,得到 $\hat{Y} = \exp(\ln \hat{Y})$,再重新计算残差 $Residual = Y - \hat{Y}$,即地均产出的残差。如果残差大于 0,则说明地均产出大于期望值,该工业园区的土地产出效率较高;如果残差小于 0,则说明地均产值小于期望值,该工业园区的土地产出效率较低。地均产出残差的具体统计描述见表 4-11。剔除区位因素以后,301 个观测值的地均产出残差的平均值为 12.40,标准差为 54.47,土地产出效率的差异仍然较大。由于每年各工业园区的已投入用地面积的数据可获得性问题,2006 年的地均产出的观测值只有 47个,而 2007 年的数据最多,为 88 个。考虑到数据量和可获得的数据,下文将对剔除区位因素后的 2009 年上海 86 个工业园区土地产出效率和回归后得到的地均产出残差进行比较。

表 4-11 地均产出残差的统计性描述

变　量	观察值	平均值	标准差	最小值	最大值
Residual	301	12.40	54.47	−116.02	390.82
Residual2009	86	11.42	51.40	−114.49	345.04
Residual2008	80	13.12	56.97	−116.02	353.41
Residual2007	88	11.84	48.16	−35.42	305.02
Residual2006	47	14.00	61.63	−19.22	390.82

从工业园区级别来看,剔除区位因素的影响后,国家级工业园区的土地产出效率仍然明显高于市级工业园区、工业基地和区县级工业园区,说明国家级工业园区的级别优势较为明显。而区县级工业园区的土地产出效率有显著上升,明显高于市级工业园区,说明区县级工业园区的级别劣势较为明显(见图 4-26)。

从工业园区的地理区位来看,剔除区位因素后土地产出效率的排序仍然是外环以内的工业园区大于外环至外郊环之间的,外郊环以外的工业园区土地产出效率最低(见图 4-27),说明外环以内的工业园区有较明显的地理区位优势。

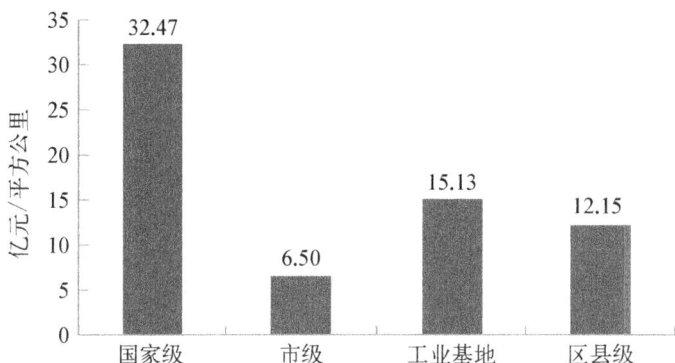

图 4-26 2009 年剔除区位因素后土地产出效率情况(按园区级别分)

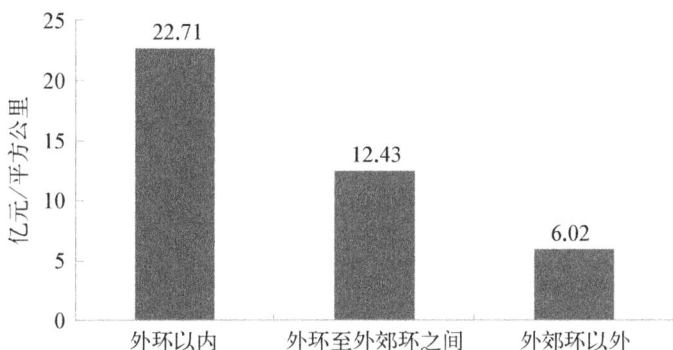

图 4-27 2009 年剔除区位因素后土地产出效率情况(按环线分)

从工业园区是否临水来看,靠近黄浦江和沿海的工业园区的土地产出效率仍然低于不临水的工业园区,这与没有剔除区位因素的地均产出相比是一致的(见图 4-28)。

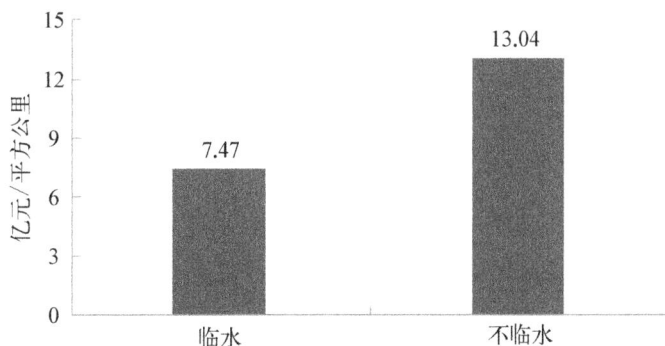

图 4-28 2009 年剔除区位因素后土地产出效率情况(按是否临水分)

从工业园区所属不同区/县来看,闵行区和浦东新区的工业园区土地产出效率仍然较高,青浦区的工业园区土地产出效率仍然较低;但中心城区和宝山区有明显下降,说明中心城区和宝山区的工业园区具有较明显的区位优势,其产出效率下降的主要原因可能是剔除了到市中心距离较近的地理区位优势的影响(见图4-29)。

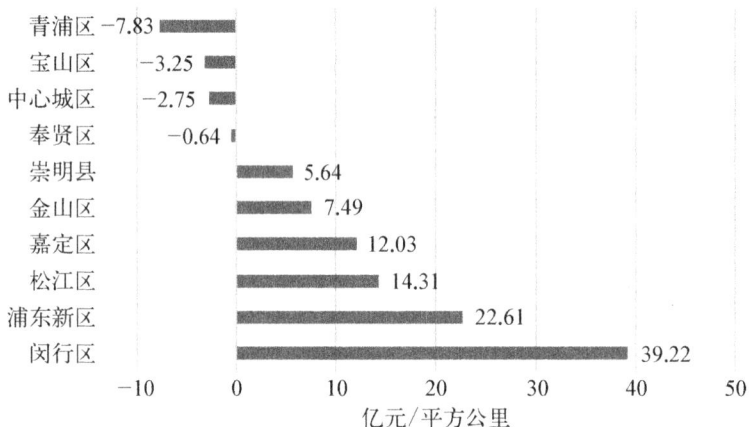

图 4-29　2009 年剔除区位因素后土地产出效率情况(按区县分)

4.4　总结

首先,从土地利用状况来看,上海市耕地面积不断减少而建设用地面积已接近规划值,工业用地随着建设用地扩张而不断增加,存在工业用地占建设用地比例过高、土地利用效率低的现象。为了缓解土地资源紧张,有必要提高工业用地的土地利用效率,推动产业结构转型。

其次,本章梳理了上海市工业园区的发展历程,然后按园区级别(国家级、市级、工业基地、区县级)、所处环线(外环以内、外环至外郊环之间、外郊环以外)、是否临水(靠近黄浦江、沿海)、所属区县、所属行业来描述 2009 年上海市 86 个工业园区的现状,包括单位面积工业产值、单位面积固定资产投入、单位面积劳动力投入等。

再次,通过最小二乘虚拟变量(LSDV)模型对工业园区土地产出效率进行回归,确定区位因素,即工业园区特定的政策因素(如园区级别)和地理位置(如到 CBD 的距离、到最近高速公路的距离、是否临水、到最近地铁站的距离等)对园区土地产出效率的影响。回归分析显示,特定地理特征和政策因素的区位变量对土地产出效率有显著影响。在各解释变量中,除了是否临水的系数在统计上不显著,其余变量分别在 1% 和 10% 水平上显著。这些区位因素可以解释工业园区产出效率变动的百分比为 25.81%。其中,园区级别对工业园区产出效率变动的贡献最大,可以解释产出效率变动的百分比为 16.23%,其次是到市中心的距离。

最后,本章用回归残差表示剔除区位因素影响后的工业园区土地产出效率情况。如果地均产出残差大于 0,则说明土地产出效率较高;如果地均产出残差小于 0,则说明土地产出效率较低。另外,从园区级别、所处环线、是否临水和所属区县等方面,比较原来工业园区的土地产出效率与剔除区位因素后土地产出效率的差异。主要变化包括以下两个方面:一是区县级工业园区的土地产出效率有显著上升,明显高于市级工业园区,说明区县级工业园区的园区级别劣势较为明显;二是中心城区和宝山区的工业园区土地产出效率有显著下降,主要原因可能是剔除了到市中心距离较近的地理区位优势的影响。

5 工业园区土地产出效率评价及政策建议

上一章用回归残差来表示剔除区位因素影响后的土地产出效率,并按园区级别、环线、是否临水、所属区县等方面比较了 2009 年上海市工业园区的土地产出效率变化情况。在此基础上,本章通过单因素回归的方法,分析园区级别、到市中心距离、到最近高速公路距离等区位因素对工业园区土地产出效率的影响;并在剔除单个区位因素以及所有区位因素的影响后,结合地均产出残差是否大于 0 以及地均产出排名变化情况,来评价工业园区土地产出效率的高低以及受区位影响的大小。然后,识别出土地产出效率一直较低或一直较高的工业园区、区位优势十分明显或较为明显的工业园区、区位劣势十分明显或较为明显的工业园区,并从园区主导产业是否明确、园区内企业所属行业的技术含量高低、企业所属行业的土地产出效率高低这三个方面分析其土地产出效率差异的原因。最后,根据评价结果与分析,指出需要讨论的问题,如用单位面积工业产值评价土地产出效率是否合适,利用工业用地发展服务业导致土地产出效率被高估等问题;并对市中心的成熟工业园区、区位劣势明显且土地产出效率一直较低的工业园区的未来转型发展方向提出相应的政策建议。

5.1 上海市工业园区土地产出效率评价结果

表 5-1 为 2009 年上海市工业园区的地均产出残差从高到低的排列,可以

看出,土地产出效率较高的工业园区(排名前10位)为中心城区的桃浦工业园区,浦东新区的北蔡城镇工业地块、机场经济园区、康桥工业区和金桥出口加工区,闵行区的漕河泾开发区浦江园区、浦江镇城镇工业地块、闵北工业区,松江区的松江工业区,嘉定区的安亭汽车产业基地。土地产出效率较低的工业园区(排名后10位)为中心城的漕河泾新兴技术开发区,浦东新区的张江高科技园区,闵行区的向阳工业区和闵行出口加工区,奉贤区的头桥城镇工业地块和奉贤现代农业园区,宝山区的罗店工业园区和宝山城市工业园区,嘉定区的南翔工业园区,青浦区的徐泾镇工业开发区。

表5-1　2009年上海市工业园区土地产出效率评价结果

区/县	园区名称	级别	地均产出残差(亿元/平方公里)	新排名	环线
闵行区	漕河泾开发区浦江园区	国家级	345.04	1	外环至外郊环之间
嘉定区	安亭汽车产业基地	工业基地	129.15	2	外环至外郊环之间
浦东新区	北蔡城镇工业地块	区县级	121.69	3	外环以内
松江区	松江工业区	市级	120.82	4	外环至外郊环之间
普陀区	桃浦工业园区	区县级	90.05	5	外环以内
浦东新区	浦东新区机场经济园区	市级	85.33	6	外环至外郊环之间
闵行区	闵北工业区	市级	76.49	7	外环至外郊环之间
浦东新区	康桥工业区	市级	72.81	8	外环至外郊环之间
闵行区	浦江镇城镇工业地块	区县级	67.15	9	外环至外郊环之间
浦东新区	金桥出口加工区	国家级	58.42	10	外环
金山区	枫泾工业园区	市级	50.23	11	外郊环以外
浦东新区	高桥老工业基地城镇工业地块	区县级	40.79	12	外环以内
金山区	张堰工业区	市级	33.06	13	外郊环以外
崇明县	长兴海洋装备基地	工业基地	32.94	14	外郊环以外
金山区	上海化学工业区	市级/工业基地	30.21	15	外郊环以外
浦东新区	外高桥保税区	国家级	28.80	16	外环以内

区/县	园区名称	级别	地均产出残差（亿元/平方公里）	新排名	环线
奉贤区	临海城镇工业地块	区县级	26.67	17	外郊环以外
嘉定区	外冈城镇工业地块	区县级	22.21	18	外郊环以外
宝山区	宝山钢铁基地	工业基地	19.78	19	外郊环以外
奉贤区	四团城镇工业地块	区县级	19.51	20	外环至外郊环之间
奉贤区	星火开发区	市级	16.49	21	外郊环以外
闸北区	市北工业园区	市级	16.20	22	外环以内
闵行区	欣梅城镇工业地块	区县级	12.33	23	外环至外郊环之间
奉贤区	杨王城镇工业地块	区县级	12.29	24	外郊环以外
宝山区	顾村工业园区	市级	11.98	25	外环至外郊环之间
嘉定区	嘉定工业区	市级	11.11	26	外郊环以外
青浦区	练塘镇工业开发区	市级	8.50	27	外郊环以外
金山区	亭林城镇工业地块	区县级	7.09	28	外环至外郊环之间
闵行区	闵行经济技术开发区	国家级	5.84	29	外环至外郊环之间
松江区	九亭城镇工业地块	区县级	4.89	30	外环至外郊环之间
浦东新区	六灶城镇工业地块	区县级	4.30	31	外环至外郊环之间
嘉定区	徐行工业园区	市级	4.09	32	外郊环以外
奉贤区	奉城经济园区	市级	3.54	33	外环至外郊环之间
嘉定区	南翔城镇工业地块	区县级	3.48	34	外环至外郊环之间
松江区	泗泾城镇工业地块	区县级	2.70	35	外环至外郊环之间
青浦区	青浦工业园区	市级	2.58	36	外环至外郊环之间
金山区	廊下城镇工业地块	区县级	2.54	37	外郊环以外
金山区	金山石化基地	工业基地	2.47	38	外郊环以外
闵行区	马桥城镇工业地块	区县级	1.19	39	外环至外郊环之间
松江区	永丰城镇工业地块	区县级	1.14	40	外环至外郊环之间
金山区	金山第二工业区	市级	0.26	41	外郊环以外
奉贤区	金汇城镇工业地块	区县级	0.20	42	外环至外郊环之间

（续表）

区/县	园区名称	级别	地均产出残差（亿元/平方公里）	新排名	环线
奉贤区	庄行城镇工业地块	区县级	−0.50	43	外环至外郊环之间
浦东新区	宣桥城镇工业地块	区县级	−0.81	44	外环至外郊环之间
奉贤区	邬桥城镇工业地块	区县级	−1.24	45	外环至外郊环之间
金山区	干巷城镇工业地块	区县级	−1.69	46	外郊环以外
浦东新区	临港重装备产业基地	工业基地	−2.09	47	外郊环以外
嘉定区	黄渡工业园区	市级	−2.72	48	外环至外郊环之间
奉贤区	工业综合开发区	市级	−3.66	49	外环至外郊环之间
浦东新区	合庆经济园区	市级	−4.76	50	外环至外郊环之间
嘉定区	国际汽车城零部件配套园区	市级/工业基地	−5.20	51	外环至外郊环之间
崇明县	崇明工业园区	市级	−5.38	52	外郊环以外
宝山区	宝山工业园区	市级	−5.52	53	外郊环以外
金山区	兴塔工业区	市级	−5.80	54	外郊环以外
金山区	金山工业区	市级	−5.81	55	外郊环以外
奉贤区	海港综合开发区城镇工业地块	区县级	−6.89	56	外郊环以外
浦东新区	南汇工业区	市级	−7.25	57	外环至外郊环之间
闵行区	吴泾工业基地	工业基地	−7.84	58	外环至外郊环之间
松江区	松江工业区洞泾分区	市级	−8.98	59	外环至外郊环之间
浦东新区	老港化工工业区	市级	−9.43	60	外郊环以外
奉贤区	泰顺城镇工业地块	区县级	−9.57	61	外环至外郊环之间
松江区	松江工业区石湖荡分区	市级	−9.98	62	外环至外郊环之间
松江区	九亭高科技工业园	市级	−10.39	63	外环至外郊环之间
崇明县	富盛开发区	市级	−10.64	64	外郊环以外
金山区	松隐城镇工业地块	区县级	−11.12	65	外环至外郊环之间
青浦区	华新镇工业开发区	市级	−11.33	66	外环至外郊环之间
金山区	朱泾工业园区	市级	−11.57	67	外环至外郊环之间

区/县	园 区 名 称	级 别	地均产出残差（亿元/平方公里）	新排名	环 线
奉贤区	青港经济园区	区县级	−11.87	68	外环至外郊环之间
奉贤区	化学工业区奉贤分区	工业基地	−11.96	69	外郊环以外
浦东新区	临港主产业基地	工业基地	−11.98	70	外郊环以外
嘉定区	华亭城镇工业地块	区县级	−12.23	71	外郊环以外
青浦区	白鹤镇工业开发区	区县级	−12.49	72	外环至外郊环之间
闵行区	莘庄工业区	市级	−12.82	73	外环至外郊环之间
嘉定区	嘉定工业区马陆园区	市级	−13.65	74	外环至外郊环之间
浦东新区	川沙经济园区	市级	−13.90	75	外环至外郊环之间
宝山区	吴淞工业基地	工业基地	−14.27	76	外环
宝山区	罗店工业园区	市级	−14.88	77	外郊环以外
嘉定区	南翔工业园区	市级	−15.93	78	外环至外郊环之间
宝山区	宝山城市工业园区	市级	−16.58	79	外环至外郊环之间
奉贤区	头桥城镇工业地块	区县级	−19.41	80	外环至外郊环之间
闵行区	向阳工业区	市级	−21.63	81	外环至外郊环之间
浦东新区	张江高科技园区	国家级	−22.79	82	外环以内
奉贤区	奉贤现代农业园区	市级	−23.18	83	外环至外郊环之间
青浦区	徐泾镇工业开发区	市级	−26.43	84	外环至外郊环之间
闵行区	上海闵行出口加工区	国家级	−73.55	85	外环至外郊环之间
徐汇区	漕河泾新兴技术开发区	国家级	−114.49	86	外环以内

　　为了更清晰地描述上海市工业园区土地产出效率的空间分布特征,本章将使用 Surfer8.0 软件画出用残差表示的 2009 年上海市工业园区土地产出效率的等高线图①。在生成等高线的过程中,需要对已知数据进行网格化,X 和 Y 表示上海市的经纬度坐标,Z 列表示 2009 年上海市工业园区的地均产出残差。由于

①　等高线是指地形图上高程相等的各点所连成的闭合曲线。将上海市工业园区土地产出效率相同的点连成闭合曲线,垂直投影到一个标准面上,并按比例缩小在图纸上,就可得到土地产出效率的等高线图。

上海市工业园区经纬度分布是非均匀的,要对原始数据进行插值。在网格化的过程中,Surfer8.0软件会自动进行插值计算,生成更密网格的数据。比较好的插值方法为反距离加权插值法(Inverse Distance to a Power)和克里金插值法(Kriging)。反距离加权插值法又称为距离倒数乘方法,是一种以插值点与样本点之间的距离为权重的插值方法。插值点越近的样本点赋予的权重越大,其权重贡献与距离成反比。克里金插值法又称为空间自协方差最佳插值法,该方法吸收了地理统计的思想,认为任何在空间连续性变化的属性是非常不规则的,不能用简单的平滑数学函数进行模拟;该方法着重于权重系数的确定,从而使内插函数处于最佳状态,即对给定点上的变量值提供最好的线性无偏估计。本章采用克里金法进行插值,得到上海市工业园区土地产出效率的等高线图和三维立体图(见图5-1);然后利用ArcGIS软件将等高线图投影到上海市的经纬度坐标系中(见图5-2)。

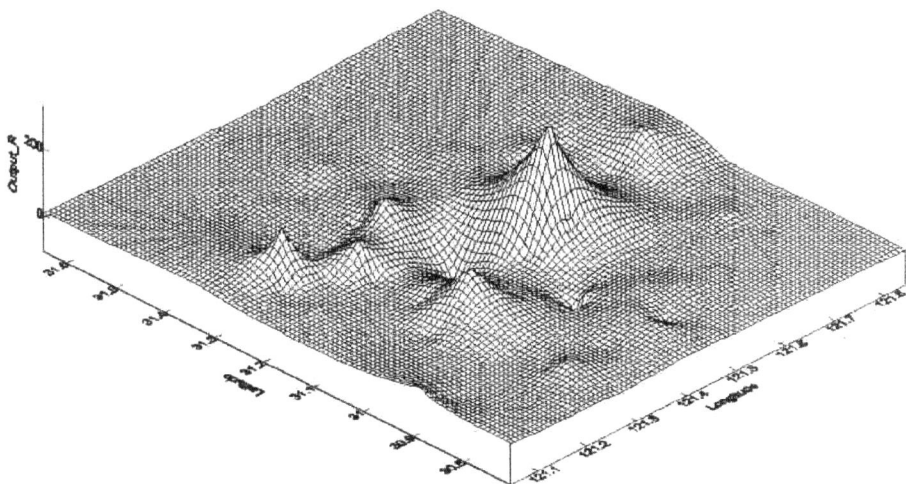

图5-1 2009年上海市工业园区土地产出效率的三位立体图(剔除区位因素)

由图5-2看出,上海市土地产出效率较高的6片区域如下:一是位于市中心的桃浦工业园区;二是位于闵行区的漕河泾开发区浦江园区、浦东新区的浦江镇城镇工业地块、北蔡城镇工业地块和康桥工业区;三是位于松江区的松江工业区;四是位于闵行区的闵北工业区;五是位于浦东新区的机场经济园区;六是位于嘉定区的安亭汽车产业基地。

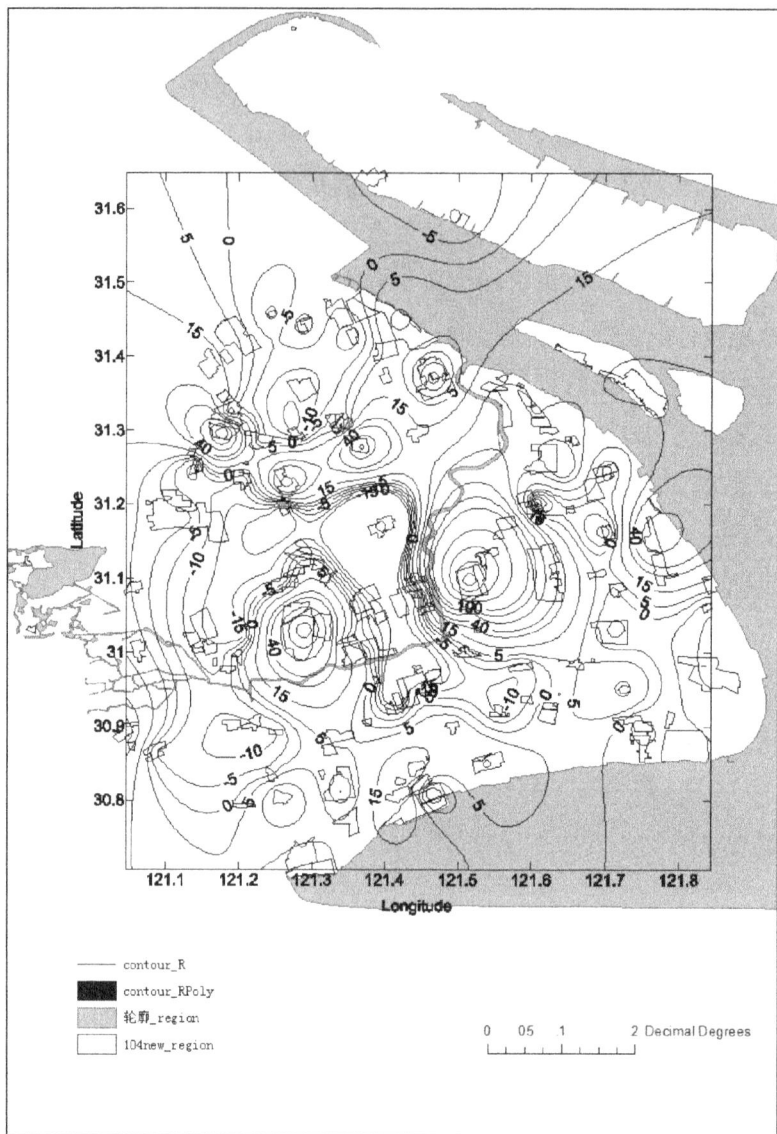

图 5 - 2　2009 年上海市工业园区土地产出效率的等高线图(剔除区位因素)

　　上文仅从剔除区位因素后的地均产出残差来评价工业园区的土地产出效率高低,即如果残差大于 0,说明工业园区的土地产出效率较高;如果残差小于 0,说明工业园区的土地产出效率较低,并没有结合地均产出排名变化情况。需要注意的是,地均产出排名的上升或下降并不能说明工业园区的表现好或不好。根据地均产出残差是否大于 0 以及地均产出排名变化是否有明显,可以将工业园区分为以下6种:一是地均产出残差大于0而地均产出排名变化不大,说明这些工业园区受区位因素的影响较小,土地产出效率一直较高;二是地均产出残差大于0且地均产出排名显著上升(即排名上升幅度大于或等于10名),说明这些工业园区的区位劣势较为明显;三是地均产出残差大于0且地均产出排名显著下降(排名下降幅度大于或等于10名),说明这些工业园区有很显著的区位优势,在剔除区位优势后土地产出效率仍然较高;四是地均产出残差小于0且地均产出排名变化不大,说明这些工业园区的土地产出效率一直较低;五是地均产出残差小于0且地均产出排名显著上升,说明这些工业园区的区位劣势十分明显,在剔除区位因素后土地产出效率仍然较低;六是地均产出残差小于0且地均产出排名显著下降,说明这些工业园区的区位优势较为明显(见表5-2)。

表5-2　2009年上海市工业园区的地均产出排名变化情况(剔除区位因素)

土地产出效率较高(地均产出残差大于0)			
地均产出排名 显著上升	地均产出排名 显著下降	地均产出排名变化较小	
杨王城镇工业地块	闵行经济技术开发区	漕河泾开发区浦江园区	临海城镇工业地块
顾村工业园区		安亭汽车产业基地	外冈城镇工业地块
亭林城镇工业地块		北蔡城镇工业地块	宝山钢铁基地
六灶城镇工业地块		松江工业区	四团城镇工业地块
廊下城镇工业地块		桃浦工业园区	星火开发区
金山石化基地		浦东新区机场经济园区	市北工业园区
马桥城镇工业地块		闵北工业区	欣梅城镇工业地块
永丰城镇工业地块		康桥工业区	嘉定工业区
金山第二工业区		浦江镇城镇工业地块	练塘镇工业开发区
金汇城镇工业地块		金桥出口加工区	九亭城镇工业地块
		枫泾工业园区	徐行工业园区
		高桥老工业基地城镇 工业地块	奉城经济园区
		张堰工业区	南翔城镇工业地块
		长兴海洋装备基地	泗泾城镇工业地块
		上海化学工业区	青浦工业园区
		外高桥保税区	

土地产出效率较低(地均产出残差小于0)			
地均产出排名 显著上升	地均产出排名显著下降		地均产出排名 变化较小
庄行城镇工业地块	黄渡工业园区	川沙经济园区	工业综合开发区
宣桥城镇工业地块	合庆经济园区	罗店工业园区	宝山工业园区
邬桥城镇工业地块	国际汽车城零部件配套园区	南翔工业园区	南汇工业区
干巷城镇工业地块	吴泾工业基地	宝山城市工业园区	老港化工工业区
临港重装备产业基地	松江工业区洞泾分区	向阳工业区	松江工业区石湖荡分区
崇明工业园区	九亭高科技工业园	张江高科技园区	朱泾工业园区
兴塔工业区	华新镇工业开发区	徐泾镇工业开发区	化学工业区奉贤分区
金山工业区	莘庄工业区	闵行出口加工区	临港主产业基地
海港综合开发区城镇工业地块	嘉定工业区马陆园区	漕河泾新兴技术开发区	白鹤镇工业开发区
泰顺城镇工业地块			头桥城镇工业地块
富盛开发区			奉贤现代农业园区
松隐城镇工业地块			
青港经济园区			
华亭城镇工业地块			
吴淞工业基地			

为了更清晰地评价工业园区的土地产出效率情况,下文将从单因素回归着手,分析各因素对土地产出效率的影响,并结合地均产出残差的大小和地均产出排名变化情况来分析评价结果。

5.2 剔除区位影响的评价结果分析

表5-3对表示政策因素、土地成本、运输成本和交通通达性的区位变量分别做回归分析,再用地均产出残差来表示剔除某个因素后的工业园区土地产出效率。从回归结果中可以看出,园区级别对工业园区土地产出效率的影响最大,

其次是到市中心的距离,影响较小的是到最近高速公路的距离,能解释土地产出效率变动的百分比分别为 16.23%、8.43%和 1.52%。另外,表示交通通达性的两个变量,是否临水和是否邻近地铁站在统计上不显著,且对土地产出效率的影响很小。因此,下文将主要分析剔除工业园区级别、到市中心距离以及到最近高速公路距离的影响后,工业园区土地产出效率情况以及地均产出排名变化情况。

表 5-3 单因素回归结果

	LSDV(1)	LSDV(2)	LSDV(3)	LSDV(4)	LSDV(5)	LSDV(6)
National	1.511*** (7.57)					1.463*** (7.41)
Shanghai	0.367*** (3.34)					0.393*** (3.79)
JD	0.168 (1.03)					0.326* (1.95)
D_CBD		−0.020*** (−5.09)				−0.019 7*** (−4.89)
D_Freeway			−0.024* (−1.83)			−0.021 6* (−1.75)
Water				−0.129 (−1.12)		−0.003 6 (−0.03)
Metro					−0.295 (−1.40)	−0.988*** (−4.93)
Constant	2.943*** (18.15)	4.038*** (23.14)	3.506*** (25.36)	3.472*** (25.27)	3.455*** (25.90)	3.667*** (18.33)
Time Effects	Yes	Yes	Yes	Yes	Yes	Yes
Number of obs	301	301	301	301	301	301
F statistics (Prob>F)	10.69 (0.000 0)	7.90 (0.000 0)	2.16 (0.073 5)	1.63 (0.166 5)	1.81 (0.126 7)	11.44 (0.000 0)
Adjusted R-sq	0.162 3	0.084 3	0.015 2	0.008 3	0.010 7	0.258 1

注:各解释变量系数下方的括号中为 t 统计量,***、**、* 分别表示在 1%、5%和 10%水平上显著。

5.2.1 剔除园区级别后的土地产出效率情况

下文将按园区级别分类,分析工业园区在剔除园区级别影响后,土地产出效率情况以及排名变化情况(具体见附录5)。

由表5-4看出,漕河泾开发区浦江园区和金桥出口加工区的地均产出残差大于0且地均产出排名变化很小,说明这两个工业园区的土地产出效率一直较高。闵行经济技术开发区的地均产出残差大于0且排名有显著下降,说明该工业园区的级别优势十分明显。而其他国家级工业园区在剔除园区级别影响后,地均产出残差小于0且地均产出排名都有明显下降,说明这些工业园区的园区级别优势较为明显。其中,下降幅度最大的是外高桥保税区和漕河泾新兴技术开发区,分别下降了66名和58名。

表5-4 国家级工业园区的土地产出效率情况(剔除园区级别)(2009年)

区/县	园区名称	原排名	地均产出残差 (亿元/平方公里)	新排名	排名差距
闵行区	漕河泾开发区浦江园区	1	372.27	1	0
浦东新区	金桥出口加工区	2	96.23	6	-4
闵行区	闵行经济技术开发区	10	5.59	31	-21
浦东新区	外高桥保税区	12	-18.45	78	-66
徐汇区	漕河泾新兴技术开发区	26	-57.12	84	-58
浦东新区	张江高科技园区	46	-68.75	85	-39
闵行区	上海闵行出口加工区	61	-75.81	86	-25

由表5-5看出,工业基地的地均产出排名变化不大,则说明工业基地的土地产出效率受到园区级别的影响较小。从地均产出残差来看,安亭汽车产业基地、长兴海洋装备基地、宝山钢铁基地、上海化学工业区、国际汽车城零件配套园区和吴泾工业基地的地均产出残差大于0,说明这些工业园区的土地产出效率一直较高。而金山石化基地、临港重装备产业基地、化学工业区奉贤分区、临港主产业基地和吴淞工业基地的地均产出残差小于0,说明其土地产出效率一直较低。

表5-5 工业基地的土地产出效率情况(剔除园区级别)(2009年)

区/县	园区名称	原排名	地均产出残差 (亿元/平方公里)	新排名	排名差距
嘉定区	安亭汽车产业基地	3	135.96	2	1
崇明县	长兴海洋装备基地	15	35.01	12	3

区/县	园 区 名 称	原排名	地均产出残差 (亿元/平方公里)	新排名	排名差距
宝山区	宝山钢铁基地	17	27.94	14	3
金山区	上海化学工业区	14	25.90	15	−1
嘉定区	国际汽车城零部件配套园区	22	7.26	28	−6
闵行区	吴泾工业基地	38	6.00	30	8
金山区	金山石化基地	64	−5.71	57	7
浦东新区	临港重装备产业基地	67	−7.54	60	7
奉贤区	化学工业区奉贤分区	78	−14.86	75	3
浦东新区	临港主产业基地	79	−15.56	77	2
宝山区	吴淞工业基地	86	−22.85	83	3

由表 5-6 看出,大部分市级工业园区在剔除园区级别优势的情况下,其地均产出排名都有所下降,但下降幅度较小,说明市级工业园区具有一定的级别优势,但不如国家级工业园区显著。其中,松江工业区、浦东新区机场经济园区、闵北工业区、康桥工业区、张堰工业区、嘉定工业区、富盛开发区和崇明开发区并没有受到园区级别的影响,其排名没有变化。在剔除园区级别影响后,土地产出效率较高且排名前 5 位的市级工业园区为松江工业区、浦东新区机场经济园区、闵北工业区、康桥工业区和枫泾工业区,说明这些工业园区的土地产出效率一直较高;土地产出效率较低且排名前 5 位的市级工业园区包括崇明工业园区、富盛开发区、奉贤现代农业园区、朱泾工业园区、兴塔工业区,说明这些工业园区的土地产出效率一直较低。

表 5-6　市级工业园区的土地产出效率情况(剔除园区级别)(2009 年)

区/县	园 区 名 称	原排名	地均产出残差 (亿元/平方公里)	新排名	排名差距
松江区	松江工业区	4	126.05	4	0
浦东新区	浦东新区机场经济园区	7	88.60	7	0
闵行区	闵北工业区	8	88.07	8	0
浦东新区	康桥工业区	9	82.31	9	0

区/县	园 区 名 称	原排名	地均产出残差 （亿元/平方公里）	新排名	排名差距
金山区	枫泾工业园区	13	40.63	11	2
金山区	上海化学工业区	14	25.90	15	−1
金山区	张堰工业区	16	25.14	16	0
嘉定区	嘉定工业区	21	12.97	21	0
奉贤区	星火开发区	24	10.78	25	−1
嘉定区	国际汽车城零部件配套园区	22	7.26	28	−6
闸北区	市北工业园区	27	6.24	29	−2
嘉定区	黄渡工业园区	28	5.43	32	−4
青浦区	青浦工业园区	29	4.70	34	−5
嘉定区	徐行工业园区	30	4.11	35	−5
奉贤区	奉城经济园区	31	3.41	36	−5
松江区	九亭高科技工业园	35	1.59	39	−4
青浦区	练塘镇工业开发区	36	1.54	40	−4
浦东新区	合庆经济园区	37	1.36	41	−4
宝山区	宝山城市工业园区	40	−0.83	44	−4
奉贤区	工业综合开发区	42	−1.90	47	−5
宝山区	顾村工业园区	43	−2.25	48	−5
松江区	松江工业区洞泾分区	44	−3.01	49	−5
闵行区	莘庄工业区	45	−3.50	50	−5
嘉定区	嘉定工业区马陆园区	47	−3.89	51	−4
青浦区	华新镇工业开发区	49	−4.51	52	−3
宝山区	宝山工业园区	50	−5.18	54	−4
浦东新区	川沙经济园区	51	−5.27	55	−4
嘉定区	南翔工业园区	52	−5.44	56	−4
浦东新区	南汇工业区	54	−6.71	58	−4
闵行区	向阳工业区	57	−9.21	61	−4
宝山区	罗店工业园区	58	−9.55	62	−4

区/县	园 区 名 称	原排名	地均产出残差 （亿元/平方公里）	新排名	排名差距
金山区	金山第二工业区	60	−10.71	66	−6
松江区	松江工业区石湖荡分区	65	−12.07	68	−3
金山区	金山工业区	66	−12.46	69	−3
浦东新区	老港化工工业区	68	−13.71	70	−2
青浦区	徐泾镇工业开发区	70	−14.27	73	−3
金山区	兴塔工业区	71	−14.51	74	−3
金山区	朱泾工业园区	72	−15.43	76	−4
奉贤区	奉贤现代农业园区	74	−18.67	80	−6
崇明县	富盛开发区	81	−21.58	81	0
崇明县	崇明工业园区	82	−21.80	82	0

由表 5-7 看出,在剔除园区级别劣势影响的情况下,区县级工业园区的地均产出排名都有所上升。可以将区县级工业园区分为以下几类:一是地均产出残差大于 0 且排名变化不大的工业园区,如北蔡城镇工业地块、桃浦工业园区、浦江城镇工业地块、高桥老工业基地城镇工业地块、外冈城镇工业地块等,说明这些工业园区的土地产出效率一直较高;二是地均产出残差大于 0 且排名上升显著的工业园区,如宣桥城镇工业地块、马桥城镇工业地块、金汇城镇工业地块、亭林城镇工业地块等,说明这些工业园区的级别劣势较为显著;三是地均产出残差小于 0 且排名变化不大的工业园区内,如头桥城镇工业地块,说明该工业园区的土地产出效率一直较低;四是地均产出残差小于 0 且排名上升幅度较大的工业园区,如华亭城镇工业地块、松隐城镇工业地块、青港经济园区、海港综合开发区城镇工业地块等,说明这些工业园区的园区级别劣势十分明显,在剔除园区级别影响后土地产出效率仍然较低。

表 5-7　区县级工业园区的土地产出效率情况(剔除园区级别)(2009 年)

区/县	园 区 名 称	原排名	地均产出残差 （亿元/平方公里）	新排名	排名差距
浦东新区	北蔡城镇工业地块	5	133.20	3	2
普陀区	桃浦工业园区	6	102.74	5	1

（续表）

区/县	园区名称	原排名	地均产出残差 （亿元/平方公里）	新排名	排名差距
闵行区	浦江镇城镇工业地块	11	70.37	10	1
浦东新区	高桥老工业基地城镇工业地块	18	31.04	13	5
嘉定区	外冈城镇工业地块	19	24.38	17	2
奉贤区	临海城镇工业地块	20	23.44	18	2
闵行区	欣梅城镇工业地块	23	21.50	19	4
奉贤区	四团城镇工业地块	25	17.69	20	5
松江区	九亭城镇工业地块	32	12.39	22	10
嘉定区	南翔城镇工业地块	33	12.34	23	10
奉贤区	杨王城镇工业地块	34	11.60	24	10
松江区	泗泾城镇工业地块	39	8.60	26	13
浦东新区	六灶城镇工业地块	41	7.91	27	14
金山区	亭林城镇工业地块	48	5.41	33	15
闵行区	马桥城镇工业地块	53	3.28	37	16
奉贤区	金汇城镇工业地块	55	1.87	38	17
浦东新区	宣桥城镇工业地块	56	0.19	42	14
松江区	永丰城镇工业地块	59	−0.45	43	16
奉贤区	邬桥城镇工业地块	62	−1.79	45	17
奉贤区	庄行城镇工业地块	63	−1.79	46	17
金山区	廊下城镇工业地块	69	−4.80	53	16
金山区	干巷城镇工业地块	73	−7.01	59	14
奉贤区	泰顺城镇工业地块	75	−10.25	63	12
青浦区	白鹤镇工业开发区	76	−10.62	64	12
奉贤区	海港综合开发区城镇工业地块	77	−10.68	65	12
奉贤区	青港经济园区	80	−11.93	67	13
金山区	松隐城镇工业地块	83	−13.96	71	12
嘉定区	华亭城镇工业地块	84	−14.26	72	12
奉贤区	头桥城镇工业地块	85	−18.62	79	6

5.2.2 剔除到市中心距离后的土地产出效率情况

下文将根据到市中心距的远近,分析位于不同环线的工业园区在剔除到市中心距离的影响后,其土地产出效率情况以及排名变化情况(具体见附录6)。

从表5-8中可以看出,位于外环以内的工业园区中,金桥出口加工区、北蔡城镇工业地块、桃浦工业园区、外高桥保税区和高桥老工业基地城镇工业地块的地均产出残差大于0且地均产出排名没有变化或下降幅度较小,说明这些工业园区的土地产出效率受到市中心距离的影响较小,且产出效率一直较高。而吴淞工业基地的地均产出残差小于0且地均产出排名没有变化,说明该工业园区的土地产出效率一直较低。另外,漕河泾新兴技术开发区、市北工业园区和张江高科技园区的地均产出残差小于0且地均产出排名有显著下降,说明这些工业园区的地理区位优势较为明显。

表5-8 外环以内工业园区的土地产出效率情况(剔除 D_CBD)(2009年)

区/县	园区名称	原排名	地均产出残差 (亿元/平方公里)	新排名	排名差距
浦东新区	金桥出口加工区	2	153.16	2	0
浦东新区	北蔡城镇工业地块	5	111.42	5	0
普陀区	桃浦工业园区	6	80.93	8	-2
浦东新区	外高桥保税区	12	38.36	14	-2
浦东新区	高桥老工业基地城镇工业地块	18	11.77	24	-6
徐汇区	漕河泾新兴技术开发区	26	-5.87	50	-24
闸北区	市北工业园区	27	-9.49	65	-38
浦东新区	张江高科技园区	46	-14.32	75	-29
宝山区	吴淞工业基地	86	-37.46	86	0

由表5-9看出,位于外环与外郊环之间且到市中心距离小于或等于30公里的工业园区中,大部分地均产出排名有所下降,说明这些工业园区的地理区位较好。其中,地均产出排名下降显著(大于或等于10名)的工业园区,其地均产出残差都小于0,如南翔城镇工业地块、吴泾工业基地、顾村工业园区、宝山城市

工业园区、南翔工业园区、向阳工业区、嘉定工业区马陆园区、莘庄工业区、徐泾镇工业开发区,说明这些工业园区的地理区位优势较为明显,但土地产出效率较低。地均产出大于 0 且排名变化不大的工业园区,如漕河泾开发区浦江园区、康桥工业区、浦江镇城镇工业地块、安亭汽车产业基地、松江工业区、闵行经济技术开发区、闵北工业区等,说明这些工业园区的土地产出效率一直较高。而地均产出小于 0 且排名变化不大的工业园区,如马桥城镇工业地块、泗泾城镇工业地块、合庆经济园区等,则说明这些工业园区的土地产出效率一直较低。

表 5-9　外环与外郊环之间的工业园区土地产出效率情况(剔除 D_CBD)(2009 年)

到市中心距离小于或等于 20 公里					
区/县	园 区 名 称	原排名	地均产出残差 (亿元/平方公里)	新排名	排名差距
闵行区	漕河泾开发区浦江园区	1	428.65	1	0
闵行区	闵北工业区	8	82.19	7	1
浦东新区	康桥工业区	9	76.07	9	0
闵行区	浦江镇城镇工业地块	11	55.26	11	0
闵行区	欣梅城镇工业地块	23	2.68	32	-9
松江区	九亭城镇工业地块	32	-2.58	40	-8
松江区	九亭高科技工业园	35	-3.98	43	-8
嘉定区	南翔城镇工业地块	33	-5.36	48	-15
闵行区	吴泾工业基地	38	-7.00	55	-17
宝山区	顾村工业园区	43	-10.10	67	-24
宝山区	宝山城市工业园区	40	-10.36	68	-28
嘉定区	南翔工业园区	52	-11.30	70	-18
闵行区	向阳工业区	57	-15.43	76	-19
到市中心距离大于 20 公里小于或等于 30 公里					
区/县	园 区 名 称	原排名	地均产出残差 (亿元/平方公里)	新排名	排名差距
嘉定区	安亭汽车产业基地	3	130.71	3	0
松江区	松江工业区	4	125.92	4	0
浦东新区	浦东新区机场经济园区	7	89.16	6	1

到市中心距离大于20公里小于或等于30公里					
区/县	园 区 名 称	原排名	地均产出残差 (亿元/平方公里)	新排名	排名差距
闵行区	闵行经济技术开发区	10	69.95	10	0
嘉定区	国际汽车城零部件配套园区	22	13.11	23	−1
嘉定区	黄渡工业园区	28	2.52	34	−6
浦东新区	合庆经济园区	37	−2.82	41	−4
浦东新区	六灶城镇工业地块	41	−3.45	42	−1
松江区	泗泾城镇工业地块	39	−4.89	45	−6
松江区	松江工业区洞泾分区	44	−4.97	46	−2
青浦区	华新镇工业开发区	49	−6.42	54	−5
闵行区	马桥城镇工业地块	53	−7.21	57	−4
嘉定区	嘉定工业区马陆园区	47	−7.87	59	−12
浦东新区	川沙经济园区	51	−8.30	60	−9
闵行区	莘庄工业区	45	−8.62	61	−16
奉贤区	金汇城镇工业地块	55	−8.85	62	−7
浦东新区	宣桥城镇工业地块	56	−9.06	64	−8
奉贤区	奉贤现代农业园区	74	−17.99	80	−6
青浦区	徐泾镇工业开发区	70	−19.64	83	−13

到市中心距离大于30公里					
区/县	园 区 名 称	原排名	地均产出残差 (亿元/平方公里)	新排名	排名差距
奉贤区	四团城镇工业地块	25	14.60	22	3
奉贤区	奉城经济园区	31	8.37	26	5
青浦区	青浦工业园区	29	7.42	27	2
金山区	亭林城镇工业地块	48	2.57	33	15
奉贤区	工业综合开发区	42	0.15	35	7
浦东新区	南汇工业区	54	−4.44	44	10

（续表）

区/县	园 区 名 称	原排名	地均产出残差 （亿元/平方公里）	新排名	排名差距
松江区	永丰城镇工业地块	59	−4.99	47	12
松江区	松江工业区石湖荡分区	65	−6.03	52	13
奉贤区	庄行城镇工业地块	63	−6.11	53	10
金山区	朱泾工业园区	72	−7.08	56	16
闵行区	上海闵行出口加工区	61	−8.97	63	−2
奉贤区	邬桥城镇工业地块	62	−9.62	66	−4
金山区	松隐城镇工业地块	83	−15.48	77	6
奉贤区	青港经济园区	80	−17.11	79	1
青浦区	白鹤镇工业开发区	76	−18.05	81	−5
奉贤区	泰顺城镇工业地块	75	−18.51	82	−7
奉贤区	头桥城镇工业地块	85	−24.47	85	0

到市中心距离大于30公里

而位于外环至外郊环之间且到市中心距离大于30公里的工业园区中，大部分地均产出排名有所上升，说明这些工业园区具有地理区位劣势。其中，地均产出排名有显著上升但地均产出残差仍小于0的工业园区包括南汇工业区、永丰城镇工业地块、松江工业区石湖荡分区、庄行城镇工业地块、朱泾工业区，说明这些工业园区的地理区位劣势十分明显，在剔除地理区位因素的影响后土地产出效率仍然较低。

由表5−10看出，位于外郊环以外的工业园区，在剔除到市中心距离的影响后，大部分地均产出排名都有所上升，尤其是到市中心距离大于30公里的工业园区，说明这些工业园区具有一定的地理区位劣势。在地均产出排名有显著上升的工业园区中，练塘镇工业开发区、金山石化基地、金山第二工业区的地均产出残差大于0，则说明这些工业园区的地理区位劣势较为明显；而廊下城镇工业地块、临港重装备产业基地、兴塔工业区、金山工业区、干巷城镇工业地块、老港化工工业区的地均产出残差小于0，说明这些工业园区在剔除地理区位劣势的影响后，土地产出效率仍然较低。

表5-10 外郊环以外的工业园区土地产出效率情况(剔除 D_CBD)(2009 年)

区/县	园 区 名 称	原排名	地均产出残差 (亿元/平方公里)	新排名	排名差距
到市中心距离小于或等于30公里					
崇明县	长兴海洋装备基地	15	29.85	16	−1
宝山区	宝山钢铁基地	17	20.04	18	−1
嘉定区	徐行工业园区	30	4.60	29	1
宝山区	宝山工业园区	50	−5.52	49	1
宝山区	罗店工业园区	58	−12.15	73	−15
到市中心距离大于30公里					
区/县	园 区 名 称	原排名	地均产出残差 (亿元/平方公里)	新排名	排名差距
金山区	枫泾工业园区	13	53.44	12	1
金山区	上海化学工业区	14	41.87	13	1
金山区	张堰工业区	16	36.52	15	1
奉贤区	临海城镇工业地块	20	22.15	17	3
奉贤区	星火开发区	24	18.43	19	5
嘉定区	外冈城镇工业地块	19	16.24	20	−1
嘉定区	嘉定工业区	21	16.16	21	0
青浦区	练塘镇工业开发区	36	10.80	25	11
奉贤区	杨王城镇工业地块	34	7.10	28	6
金山区	金山石化基地	64	3.30	30	34
金山区	金山第二工业区	60	3.24	31	29
金山区	廊下城镇工业地块	69	−1.55	36	33
浦东新区	临港重装备产业基地	67	−1.73	37	30
金山区	兴塔工业区	71	−1.99	38	33
金山区	金山工业区	66	−2.45	39	27
金山区	干巷城镇工业地块	73	−5.96	51	22
浦东新区	老港化工工业区	68	−7.34	58	10
奉贤区	化学工业区奉贤分区	78	−10.80	69	9
奉贤区	海港综合开发区城镇工业 地块	77	−11.47	71	6

	到市中心距离大于 30 公里				
区/县	园 区 名 称	原排名	地均产出残差 （亿元/平方公里）	新排名	排名差距
浦东新区	临港主产业基地	79	−11.93	72	7
崇明县	崇明工业园区	82	−12.27	74	8
崇明县	富盛开发区	81	−15.71	78	3
嘉定区	华亭城镇工业地块	84	−20.94	84	0

5.2.3　剔除到最近高速公路距离后的土地产出效率情况

　　由于到最近高速公路距离对工业园区土地产出效率的影响较小，且距离变量是通过工业园区质心到最近高速公路的直线距离计算，考虑到有些工业园区的面积较大，因此本书以 5 公里为界线划分：一是到最近高速公路的距离小于或等于 5 公里，表明这些工业园区邻近高速公路，运输较为便利；二是到最近高速公路的距离大于 5 公里，表明这些工业园区离高速公路较远。

　　由表 5-11 看出，邻近高速公路的工业园区，在剔除到高速公路距离的影响后，大部分地均产出排名略有下降，说明这些工业园区的地理区位优势并不明显。

表 5-11　邻近高速公路的工业园区土地产出效率情况（剔除 D_Freeway）（2009 年）

区/县	园 区 名 称	原排名	地均产出残差 （亿元/平方公里）	新排名	排名差距
闵行区	漕河泾开发区浦江园区	1	439.76	1	0
浦东新区	金桥出口加工区	2	160.58	2	0
嘉定区	安亭汽车产业基地	3	131.79	3	0
松江区	松江工业区	4	126.12	4	0
浦东新区	北蔡城镇工业地块	5	124.88	5	0
普陀区	桃浦工业园区	6	93.26	6	0
浦东新区	浦东新区机场经济园区	7	89.68	7	0
闵行区	闵北工业区	8	88.29	8	0
浦东新区	康桥工业区	9	84.48	9	0

区/县	园 区 名 称	原排名	地均产出残差 （亿元/平方公里）	新排名	排名差距
浦东新区	外高桥保税区	12	46.88	12	0
金山区	枫泾工业园区	13	40.67	13	0
金山区	上海化学工业区	14	32.42	15	−1
金山区	张堰工业区	16	25.13	16	0
宝山区	宝山钢铁基地	17	24.94	17	0
浦东新区	高桥老工业基地城镇工业 地块	18	22.96	18	0
嘉定区	外冈城镇工业地块	19	14.83	19	0
奉贤区	临海城镇工业地块	20	13.87	20	0
奉贤区	星火开发区	24	13.27	21	3
闵行区	欣梅城镇工业地块	23	13.20	22	1
嘉定区	国际汽车城零部件配套园区	22	13.08	23	−1
嘉定区	嘉定工业区	21	12.58	24	−3
奉贤区	四团城镇工业地块	25	8.24	26	−1
徐汇区	漕河泾新兴技术开发区	26	7.15	27	−1
嘉定区	黄渡工业园区	28	5.71	28	0
闸北区	市北工业园区	27	5.37	29	−2
青浦区	青浦工业园区	29	4.61	30	−1
嘉定区	南翔城镇工业地块	33	3.58	32	1
青浦区	练塘镇工业开发区	36	3.52	33	3
奉贤区	奉城经济园区	31	2.96	34	−3
松江区	九亭城镇工业地块	32	2.81	35	−3
闵行区	吴泾工业基地	38	2.46	36	2
奉贤区	杨王城镇工业地块	34	2.10	37	−3
松江区	九亭高科技工业园	35	1.22	38	−3
浦东新区	六灶城镇工业地块	41	−0.25	39	2
松江区	泗泾城镇工业地块	39	−0.43	40	−1
宝山区	宝山城市工业园区	40	−0.63	42	−2

（续表）

区/县	园 区 名 称	原排名	地均产出残差 （亿元/平方公里）	新排名	排名差距
奉贤区	工业综合开发区	42	−0.84	43	−1
宝山区	顾村工业园区	43	−1.41	44	−1
松江区	松江工业区洞泾分区	44	−1.75	45	−1
闵行区	莘庄工业区	45	−2.15	46	−1
浦东新区	张江高科技园区	46	−2.26	47	−1
闵行区	马桥城镇工业地块	53	−3.72	48	5
嘉定区	嘉定工业区马陆园区	47	−3.93	49	−2
青浦区	华新镇工业开发区	49	−4.05	50	−1
嘉定区	南翔工业园区	52	−4.36	51	1
金山区	亭林城镇工业地块	48	−4.65	53	−5
浦东新区	南汇工业区	54	−4.67	54	0
浦东新区	川沙经济园区	51	−5.28	55	−4
浦东新区	宣桥城镇工业地块	56	−6.53	56	0
宝山区	罗店工业园区	58	−7.13	57	1
松江区	永丰城镇工业地块	59	−8.42	60	−1
闵行区	上海闵行出口加工区	61	−9.25	61	0
闵行区	向阳工业区	57	−9.46	62	−5
金山区	金山石化基地	64	−9.55	63	1
浦东新区	临港重装备产业基地	67	−10.51	64	3
奉贤区	庄行城镇工业地块	63	−10.54	65	−2
金山区	金山第二工业区	60	−10.71	66	−6
浦东新区	老港化工工业区	68	−11.31	68	0
松江区	松江工业区石湖荡分区	65	−11.81	69	−4
金山区	金山工业区	66	−12.02	70	−4
金山区	廊下城镇工业地块	69	−12.93	71	−2
青浦区	徐泾镇工业开发区	70	−14.97	72	−2
金山区	兴塔工业区	71	−15.37	73	−2

区/县	园 区 名 称	原排名	地均产出残差 (亿元/平方公里)	新排名	排名差距
金山区	干巷城镇工业地块	73	−15.91	75	−2
金山区	朱泾工业园区	72	−16.16	76	−4
奉贤区	奉贤现代农业园区	74	−18.79	78	−4
奉贤区	化学工业区奉贤分区	78	−18.99	79	−1
奉贤区	海港综合开发区城镇工业地块	77	−19.79	81	−4
青浦区	白鹤镇工业开发区	76	−20.55	82	−6
奉贤区	青港经济园区	80	−21.59	83	−3
金山区	松隐城镇工业地块	83	−23.80	84	−1
奉贤区	头桥城镇工业地块	85	−28.80	85	0
宝山区	吴淞工业基地	86	−29.11	86	0

由表 5‐12 看出,离高速公路距离较远的工业园区中,大多数工业园区的地均产出排名保持不变或上升幅度较小,只有崇明工业园区和富盛开发区的地均产出排名上升幅度较大,且地均产出残差小于 0。这说明两个工业园区的区位劣势十分明显,在剔除到高速公路距离较远的不利影响后,其土地产出效率仍然较低。

表 5‐12 离高速公路较远的工业园区土地产出
效率情况(剔除 D_Freeway)(2009 年)

区/县	园 区 名 称	原排名	地均产出残差 (亿元/平方公里)	新排名	排名差距
闵行区	闵行经济技术开发区	10	73.88	10	0
闵行区	浦江镇城镇工业地块	11	65.92	11	0
崇明县	长兴海洋装备基地	15	35.41	14	1
嘉定区	徐行工业园区	30	8.47	25	5
浦东新区	合庆经济园区	37	4.40	31	6
宝山区	宝山工业园区	50	−0.47	41	9
奉贤区	金汇城镇工业地块	55	−4.45	52	3
奉贤区	邬桥城镇工业地块	62	−7.72	58	4

(续表)

区/县	园 区 名 称	原排名	地均产出残差 (亿元/平方公里)	新排名	排名差距
崇明县	崇明工业园区	82	−7.76	59	23
崇明县	富盛开发区	81	−10.98	67	14
奉贤区	泰顺城镇工业地块	75	−15.57	74	1
浦东新区	临港主产业基地	79	−18.10	77	2
嘉定区	华亭城镇工业地块	84	−19.16	80	4

5.2.4 剔除区位因素后的土地产出效率情况

在区位因素中,园区级别和到市中心距离对工业园区土地产出效率的影响较大,下文将首先按园区级别分类,再按工业园区所处环线分类,对剔除区位因素影响后的土地产出效率情况进行分析。

对于国家级工业园区来说,园区级别有明显的优势且到市中心的距离都较近,可以认为这些工业园区在区位上有绝对的优势。按照区位优势的显著程度分:闵行经济技术开发区的土地产出残差大于0且排名有显著下降,说明该工业园区有十分明显的区位优势;漕河泾新兴技术开发区、张江高科技园区和闵行出口加工区的地均产出残差小于0且排名下降幅度明显,说明这些工业园区的区位优势较为明显;漕河泾开发区浦江园区、金桥出口加工区、外高桥保税区的地均产出残差大于0且排名变化较小,则说明这些工业园区受到区位因素的影响较小,其土地产出效率一直较高(见表5-13)。

表5-13 国家级工业园区的土地产出效率情况(剔除区位因素)(2009年)

外环以内					
区/县	园 区 名 称	到市中心 距离(公里)	原排 名	地均产出残差 (亿元/平方公里)	新排 名	排名 差距
浦东新区	金桥出口加工区	16.6	2	58.42	10	−8
浦东新区	外高桥保税区	16.45	12	28.80	16	−4
浦东新区	张江高科技园区	13.48	46	−22.79	82	−36
徐汇区	漕河泾新兴技术开发区	9.77	26	−114.49	86	−60

外环至外郊环之间						
区/县	园 区 名 称	到市中心距离(公里)	原排名	地均产出残差(亿元/平方公里)	新排名	排名差距
闵行区	漕河泾开发区浦江园区	15.89	1	345.04	1	0
闵行区	闵行经济技术开发区	27.24	10	5.84	29	-19
闵行区	上海闵行出口加工区	31.36	61	-73.55	85	-24

　　闵行出口加工区的土地产出效率较低的主要原因可能是该园区刚成立不久，还未形成产业规模。

　　需特别指出的是，土地产出效率较低的漕河泾新兴开发区是指位于上海中心城区的开发区总部，而土地产出效率较高的是位于闵行区的漕河泾开发区浦江园区。在开发区评价中所提到的漕河泾新兴技术开发，既包括中心城区的开发区总部，又包括漕河泾开发区浦江园区。其中，中心城区的漕河泾新兴技术开发区是由国务院在1988年批准的国家级经济技术开发区，又于1991年被国务院批准为国家级高新技术开发区；漕河泾开发区浦江园区由2003年国务院批准成立的漕河泾出口加工区以及2004年扩建的漕河泾开发区浦江高科技园区组成。漕河泾出口加工区的规划面积3平方公里，一期开发0.9平方公里。园区重点发展以计算机、新型电子元器件、通信及网络设备为主的电子信息产品制造业。园区已引进英顺达、英华达、英业达和英源达等重大外资项目，仅英顺达一家2006年出口额就达57.45亿美元。漕河泾出口加工区以电子产业代加工为主，其产值非常高。另外，中心城区的漕河泾新兴技术开发区以发展现代服务业集聚区为主，定位于总部经济、研发设计、创新孵化、综合服务，围绕总部经济区、孵化创新区、研发设计区、综合配套区、商贸服务区、会议中心、能源中心及中央控制区"六大功能区"建设。然而，仅从制造业的产值来看，漕河泾新兴技术开发区的单位面积工业产值比较低。同样，张江高科科技创意文化和信息服务业集聚区被列为上海市重点加快推进的6大现代服务业集聚区之一。因此，就制造业产值来看，其土地产出效率并不高。

　　从仅剔除园区级别后的土地产出效率情况分析中可以看出，工业基地受园区级别的影响较小，因此，可以认为工业基地的地均产出排名有显著变化，主要是受到了地理区位的影响。从表5-14中可以看出,临港重装备产业基地的地均产出排名有显著上升,但地均产出残差小于0,说明该工业基地的地理区位十分不利且土地产出效率仍然较低。金山石化基地的地均产出排名有显著上升且地均产出残差大于0,说明该工业园区的地理区位较为不利。国际汽车城零部件配套园区和吴泾工业基地的地均产出残差小于0且排名有显著下降,说明这些工业基地的地理区位优势较为明显。另外,地均产出排名变化很小且地均产出残差大于0的工业基地有安亭汽车产业基地、长兴海洋装备基地、上海化学工业区、宝山钢铁基地,说明这些工业基地的土地产出效率一直较高。

表 5-14　工业基地的土地产出效率情况(剔除区位因素)(2009 年)

外环以内						
区/县	园 区 名 称	到市中心距离(公里)	原排名	地均产出残差(亿元/平方公里)	新排名	排名差距
宝山区	吴淞工业基地	15.27	86	−14.27	76	10
外环至外郊环之间						
区/县	园 区 名 称	到市中心距离(公里)	原排名	地均产出残差(亿元/平方公里)	新排名	排名差距
嘉定区	安亭汽车产业基地	28.69	3	129.15	2	1
嘉定区	国际汽车城零部件配套园区	28.79	22	−5.20	51	−29
闵行区	吴泾工业基地	17.34	38	−7.84	58	−20
外郊环以外						
区/县	园 区 名 称	到市中心距离(公里)	原排名	地均产出残差(亿元/平方公里)	新排名	排名差距
崇明县	长兴海洋装备基地	28.83	15	32.94	14	1
金山区	上海化学工业区	49.12	14	30.21	15	−1
宝山区	宝山钢铁基地	24.5	17	19.78	19	−2
金山区	金山石化基地	60.43	64	2.47	38	26
浦东新区	临港重装备产业基地	51.35	67	−2.09	47	20
奉贤区	化学工业区奉贤分区	46.98	78	−11.96	69	9
浦东新区	临港主产业基地	45.98	79	−11.98	70	9

　　从仅剔除园区级别后的土地产出效率情况分析中可以看出,大部分市级工业园区在剔除园区级别的影响后,地均产出排名有小幅度下降。因此,可以认为市级的地均产出排名有显著变化主要是地理区位和园区级别共同影响的结果。从表5-15中可以看出,位于外郊环以外的工业园区中,有些地均产出排名变化不大,其主要原因是地理区位劣势与级别优势的共同影响下,排名上升与下降的幅度相互抵消,如上海化学工业区、徐行工业园区、星火开发区、老港化工工业区等;还有一些则排名上升十分明显但土地效率仍然较低,如崇明工业园区、兴塔工业区、富盛开发区等,这些工业园区地理区位十分不利,以至于远大于园区级别优势的影响。离市中心较近的工业园区(到市中心距离小于20公里)中,九亭高科技园区、南翔工业园区、宝山城市工业园区、向阳工业区等,其地均产出排名明显下降且地均产出残差大于0,说明这些工业园区具有较为明显的区位优势;而市北工业园区、闵北工业区、康桥工业区的地均产出残差大于0且排名变化不大,说明这些工业园区的土地产出效率一直较高。

表5-15　市级工业园区的土地产出效率情况(剔除区位因素)(2009年)

外环以内						
区/县	园区名称	到市中心距离(公里)	原排名	地均产出残差(亿元/平方公里)	新排名	排名差距
闸北区	市北工业园区	7.62	27	16.20	22	5
外环至外郊环之间(到市中心距离小于20公里)						
区/县	园区名称	到市中心距离(公里)	原排名	地均产出残差(亿元/平方公里)	新排名	排名差距
闵行区	闵北工业区	19.55	8	76.49	7	1
浦东新区	康桥工业区	19.06	9	72.81	8	1
宝山区	顾村工业园区	16.92	43	11.98	25	18
松江区	九亭高科技工业园	19.97	35	−10.39	63	−28
嘉定区	南翔工业园区	19.57	52	−15.93	78	−26
宝山区	宝山城市工业园区	14.79	40	−16.58	79	−39
闵行区	向阳工业区	19.08	57	−21.63	81	−24

（续表）

区/县	园区名称	到市中心距离（公里）	原排名	地均产出残差（亿元/平方公里）	新排名	排名差距
外环至外郊环之间（到市中心距离大于20公里）						
松江区	松江工业区	28.11	4	120.82	4	0
浦东新区	浦东新区机场经济园区	29.25	7	85.33	6	1
奉贤区	奉城经济园区	37.16	31	3.54	33	−2
青浦区	青浦工业园区	32.98	29	2.58	36	−7
嘉定区	黄渡工业园区	23.79	28	−2.72	48	−20
奉贤区	工业综合开发区	31.78	42	−3.66	49	−7
浦东新区	合庆经济园区	21.93	37	−4.76	50	−13
嘉定区	国际汽车城零部件配套园区	28.79	22	−5.20	51	−29
浦东新区	南汇工业区	32.18	54	−7.25	57	−3
松江区	松江工业区洞泾分区	25.22	44	−8.98	59	−15
松江区	松江工业区石湖荡分区	39.31	65	−9.98	62	3
青浦区	华新镇工业开发区	25.29	49	−11.33	66	−17
金山区	朱泾工业园区	44.26	72	−11.57	67	5
闵行区	莘庄工业区	20.6	45	−12.82	73	−28
嘉定区	嘉定工业区马陆园区	22.21	47	−13.65	74	−27
浦东新区	川沙经济园区	23.6	51	−13.90	75	−24
奉贤区	奉贤现代农业园区	29.44	74	−23.18	83	−9
青浦区	徐泾镇工业开发区	20.25	70	−26.43	84	−14
外郊环以外						
区/县	园区名称	到市中心距离（公里）	原排名	地均产出残差（亿元/平方公里）	新排名	排名差距
金山区	枫泾工业园区	55.47	13	50.23	11	2
金山区	张堰工业区	51.6	16	33.06	13	3
金山区	上海化学工业区	49.12	14	30.21	15	−1
奉贤区	星火开发区	42.71	24	16.49	21	3
嘉定区	嘉定工业区	33.83	21	11.11	26	−5

外郊环以外						
区/县	园区名称	到市中心距离（公里）	原排名	地均产出残差（亿元/平方公里）	新排名	排名差距
青浦区	练塘镇工业开发区	46.36	36	8.50	27	9
嘉定区	徐行工业园区	29.12	30	4.09	32	−2
金山区	金山第二工业区	58.82	60	0.26	41	19
崇明县	崇明工业园区	46.99	82	−5.38	52	30
宝山区	宝山工业园区	27.77	50	−5.52	53	−3
金山区	兴塔工业区	54.68	71	−5.80	54	17
金山区	金山工业区	48.14	66	−5.81	55	11
浦东新区	老港化工工业区	40.00	68	−9.43	60	8
崇明县	富盛开发区	38.97	81	−10.64	64	17
宝山区	罗店工业园区	24.25	58	−14.88	77	−19

　　需注意的是，位于外环以内的市北工业园区的前身是走马塘工业小区，处于上海机械工业摇篮——彭浦工业基地的北端，在 20 世纪 80 年代主要从事机械修配加工等传统制造业；到 20 世纪 90 年代，在南厂北移的产业调整过程中，一些纺织企业和轻工系统企业先后进驻工业园区。2006 年 3 月，通过国家发改委的审核，确定为省（直辖市）级工业开发区，这也是目前上海市中心城区内唯一的市级工业开发区。目前，市北工业园区以总部经济、研发设计、通信电子和服务外包等产业为主，并推进商务办公楼宇的建设，可见该工业园区土地产出效率较高的主要原因是在工业园区发展转型和二次开发的过程中，利用工业用地来发展第三产业，所以其土地产出效率较高。

　　大多数区县级工业园区在剔除园区级别的影响后，地均产出排名都有所上升，可以认为区县级工业园区具有级别劣势。从表 5 - 16 中可以看出，位于外环以内的工业园区，如北蔡城镇工业地块、桃浦工业园区、高桥老工业基地城镇工业地块，在剔除了区位因素影响后，地均产出排名变化不大的主要原因是地理区位优势和园区级别劣势共同作用的结果；而且这些工业园区的地均产出残差大于 0，说明这些工业园区的土地产出效率一直较高。区县级工业园区大多有地理区位劣势(即位于外环至外郊环之间且到市中心距离大于 30 公里,或位于外郊环以外)。在地均产出残差小于 0 的工业园区中,白鹤镇工业开发区和头桥城镇工业地块的地均产出排名变化较小,说明这两个工业园区受到地理区位劣势的影响较小且土地产出效率一直较低;而泰顺城镇工业地块、松隐城镇工业地块、青港经济园区、海港综合开发区城镇工业地块、华亭城镇工业地块等的地均产出排名有显著上升,说明这些工业园区具有十分明显的地理区位劣势。在地均产出残差大于 0 的工业园区中,廊下城镇工业地块、亭林城镇工业地块、永丰城镇工业地块等的地均产出排名有显著上升,说明这些工业园区的地理区位劣势较为明显。

表 5－16　区县级工业园区的土地产出效率情况(剔除区位因素)(2009 年)

外环以内						
区/县	园区名称	到市中心距离(公里)	原排名	地均产出残差(亿元/平方公里)	新排名	排名差距
浦东新区	北蔡城镇工业地块	11.28	5	121.69	3	2
普陀区	桃浦工业园区	11.25	6	90.05	5	1
浦东新区	高桥老工业基地城镇工业地块	14.28	18	40.79	12	6
外环至外郊环之间(到市中心距离小于 30 公里)						
区/县	园区名称	到市中心距离(公里)	原排名	地均产出残差(亿元/平方公里)	新排名	排名差距
闵行区	浦江镇城镇工业地块	19.68	11	67.15	9	2
闵行区	欣梅城镇工业地块	14.84	23	12.33	23	0
松江区	九亭城镇工业地块	19.88	32	4.89	30	2
浦东新区	六灶城镇工业地块	25.11	41	4.30	31	10
嘉定区	南翔城镇工业地块	16.25	33	3.48	34	－1
松江区	泗泾城镇工业地块	21.95	39	2.70	35	4
闵行区	马桥城镇工业地块	26.47	53	1.19	39	14
奉贤区	金汇城镇工业地块	26.1	55	0.20	42	13
浦东新区	宣桥城镇工业地块	28.46	56	－0.81	44	12

（续表）

外环至外郊环之间（到市中心距离大于 30 公里）						
区/县	园区名称	到市中心距离（公里）	原排名	地均产出残差（亿元/平方公里）	新排名	排名差距
奉贤区	四团城镇工业地块	39.72	25	19.51	20	5
金山区	亭林城镇工业地块	40.25	48	7.09	28	20
松江区	永丰城镇工业地块	36.83	59	1.14	40	19
奉贤区	庄行城镇工业地块	37.26	62	−0.50	43	19
奉贤区	邬桥城镇工业地块	30.83	63	−1.24	45	18
奉贤区	泰顺城镇工业地块	30.1	75	−9.57	61	14
金山区	松隐城镇工业地块	43.07	83	−11.12	65	18
奉贤区	青港经济园区	35.6	80	−11.87	68	12
青浦区	白鹤镇工业开发区	31.52	76	−12.49	72	4
奉贤区	头桥城镇工业地块	34.35	85	−19.41	80	5
外郊环以外						
区/县	园区名称	到市中心距离（公里）	原排名	地均产出残差（亿元/平方公里）	新排名	排名差距
奉贤区	临海城镇工业地块	43.57	20	26.67	17	3
嘉定区	外冈城镇工业地块	30.3	19	22.21	18	1
奉贤区	杨王城镇工业地块	36.9	34	12.29	24	10
金山区	廊下城镇工业地块	54.83	69	2.54	37	32
金山区	干巷城镇工业地块	49.06	73	−1.69	46	27
奉贤区	海港综合开发区城镇工业地块	44.68	77	−6.89	56	21
嘉定区	华亭城镇工业地块	32.84	84	−12.23	71	13

5.2.5 土地产出效率一直较高或较低的原因分析

上文主要通过地均产出残差的大小来判断工业园区土地产出效率的高低，通过地均产出排名变化大小来判断工业园区受到园区级别、到市中心距离、到最近高速公路距离以及所有区位因素的影响大小。按地均产出残差是否大于 0，地均产出排名变化不大、明显上升或明显下降，可以将工业园区分为六类，其中包括土地产出效率一直较高和土地产出效率一直较低的工业园区。下文主要从工业园区的主导产业是否明确，园区内企业所属行业的技术含量高低，企业所属行业的土地产出效率高低来分析工业园区土地产出效率一直较高或较低的原因。

这里将土地产出效率一直较高的工业园区定义为地均产出残差大于残差的平均值（即 11.40 亿元/平方公里）且地均产出排名变化小于 10 名（见表 5-17）。

表 5-17　土地产出效率一直较高的工业园区（2009 年）

区/县	园 区 名 称	原排名	地均产出残差 （亿元/平方公里）	新排名	排名差距
闵行区	漕河泾开发区浦江园区	1	345.04	1	0
嘉定区	安亭汽车产业基地	3	129.15	2	1
浦东新区	北蔡城镇工业地块	5	121.69	3	2
松江区	松江工业区	4	120.82	4	0
普陀区	桃浦工业园区	6	90.05	5	1
浦东新区	浦东新区机场经济园区	7	85.33	6	1
闵行区	闵北工业区	8	76.49	7	1
浦东新区	康桥工业区	9	72.81	8	1
闵行区	浦江镇城镇工业地块	11	67.15	9	2
浦东新区	金桥出口加工区	2	58.42	10	−8
金山区	枫泾工业园区	13	50.23	11	2
浦东新区	高桥老工业基地城镇工业地块	18	40.79	12	6
金山区	张堰工业区	16	33.06	13	3
崇明县	长兴海洋装备基地	15	32.94	14	1
金山区	上海化学工业区	14	30.21	15	−1
浦东新区	外高桥保税区	12	28.80	16	−4
奉贤区	临海城镇工业地块	20	26.67	17	3
嘉定区	外冈城镇工业地块	19	22.21	18	1
宝山区	宝山钢铁基地	17	19.78	19	−2

区/县	园 区 名 称	原排名	地均产出残差 （亿元/平方公里）	新排名	排名差距
奉贤区	四团城镇工业地块	25	19.51	20	5
奉贤区	星火开发区	24	16.49	21	3
闸北区	市北工业园区	27	16.20	22	5
闵行区	欣梅城镇工业地块	23	12.33	23	0

土地产出效率一直较高的主要原因：

一是产业定位明确。一些工业园区，可以从园区名称上明显识别出主导产业，如：安亭汽车产业基地以汽车生产为主，长兴海洋装备基地以船舶和海洋装备为主，上海化工工业区以石油化工和精细化工为主，宝山钢铁基地以精品钢材为主。另一些工业园区主要是以电子信息产业、汽车及零部件等为主导产业。由表 5 - 18 看出，大多数主导产业都为上海市六大重点发展产业，即电子信息产品制造业、汽车制造业、石油化工及精细化工制造业、精品钢材制造业、成套设备制造业和生物医药制造业。

表 5 - 18 土地产出效率一直较高的工业园区的主导产业（2009 年）

园 区 名 称	主 导 产 业
桃浦工业园区	以总部经济为重要载体，发展纸质包装、印刷、家具、文体教育用品等都市型工业
市北工业区	以总部经济、研发设计、信息电子产业为主导产业
外高桥保税区	以微电子产业、研发中心等先进制造业为主
漕河泾开发区浦江园区	以电子信息为支柱产业，并以新材料、生物医药、航天航空、环保新能源、汽车研发配套为重点产业
康桥工业区	以电子信息产业、汽车及零部件为主导产业，同时大力发展总部经济和研发产业等生产性服务业
浦东新区机场经济园区	以航空配套、电子以及机械为主要产业
松江工业区	以微电子产业、集成电路为主导产业
安亭汽车产业基地	以汽车整车、零部件生产、研发为主要产业
枫泾工业园区	以汽车及零部件制造、通用动力、纺织服装及服装机械、黄酒酿造为四大主导行业

园 区 名 称	主 导 产 业
长兴海洋装备基地	以发展远洋船舶及海洋工程装备及其配套设备为主
张堰工业区	以新材料制造业、机械制造业、电气电子制造业和家纺业为主导产业
上海化学工业区	以石油化工和精细化工为主
宝山钢铁基地	重点发展汽车用钢、造船用钢、电工钢、石油管、不锈钢、高级建设用钢等精品钢材
金桥出口加工区	电子信息整机及配套件制造业、汽车及零部件制造业、家用电器及配套件制造业和生物医药等产业为主
高桥老工业基地城镇工业地块	以石油化工和精细化工为主

　　二是园区内企业所属行业的技术水平较高。其中，市北工业区、金桥出口加工区、外高桥保税区的企业所属行业为中等偏高技术和高技术行业比例都接近甚至超过了 70%；而安亭汽车产业基地、长兴海洋装备基地、宝山钢铁基地、外冈城镇工业地块的低技术行业比例为 0%（见表 5 - 19）。

表 5 - 19　土地产出效率一直较高的工业园区中行业技术水平情况（2008 年）

单位：%

区/县	园 区 名 称	中等偏高技术和高技术行业比例	低技术行业比例
闸北区	市北工业区	78.57	10.71
浦东新区	外高桥保税区	69.11	12.20
浦东新区	北蔡城镇工业地块	47.06	29.41
闵行区	漕河泾开发区浦江园区	44.24	30.88
闵行区	浦江城镇工业地块	30.16	29.37
浦东新区	康桥工业区	42.92	19.03
闵行区	闵北工业区	32.14	27.38
松江区	松江工业区	53.90	16.30
嘉定区	安亭汽车产业基地	50.00	0.00
浦东新区	浦东新区机场经济园区	32.50	30.00
奉贤区	星火开发区	32.43	29.73

（续表）

区/县	园 区 名 称	中等偏高技术和高技术行业比例	低技术行业比例
金山区	枫泾工业园区	53.49	27.91
崇明县	长兴海洋装备基地	31.03	0.00
金山区	张堰工业区	42.67	29.33
闵行区	欣梅城镇工业地块	55.71	18.57
浦东新区	金桥出口加工区	72.81	16.78
金山区	上海化学工业区	40.00	8.00
奉贤区	临海城镇工业地块	53.44	17.56
宝山区	宝山钢铁基地	—	0.00
嘉定区	外冈城镇工业地块	—	0.00

注：根据 OECD 科技产业分类(2005)，中等偏高技术行业包括化学原料及化学制品制造业、化学纤维制造业、交通运输设备制造业、通用设备制造业、专业设备制造业和电气机械及器材制造业。高技术行业包括通信设备、计算机及其他电子设备制造业、仪器仪表及文化、办公用机械制造业，以及医药制造业。低技术行业包括食品制造业、饮料制造业、烟草制造业、纺织业、纺织服装、鞋、帽制造业、皮革、皮毛、羽毛(绒)及其制造业、木材加工及木、竹、藤、棕、草制品业、造纸及纸制品业、印刷业和记录媒体的复制，以及废弃资源和旧材料回收加工业。

三是工业园区内企业所属行业的土地产出效率较高。根据 2005—2009 年上海市 34 个行业单位土地产出率数据，烟草制造业，通信设备、计算机及其他电子设备制造业，仪器仪表及文化、办公用机械制造业，电气机械及器材制造业、有色金属冶炼及压延加工业的单位面积工业产值都高于行业平均水平。另外，交通运输设备制造业除了 2008 年的单位面积工业产值低于行业平均水平，其他年份都高于行业平均水平（见表 5－20）。

表 5－20　上海市土地产出效率高于行业平均水平的产业（2005—2009 年）

单位：亿元/平方公里

行　　业	2005 年	2006 年	2007 年	2008 年	2009 年
行业平均水平	53.38	60.96	71.4	71.74	69.81
烟草制造业	515.02	593.21	391.26	758.51	507.89
通信设备、计算机及其他电子设备制造业	283.37	314.20	344.48	360.3	332.34
仪器仪表及文化、办公用机械制造业	112.89	115.84	117.15	109.41	90.77

（续表）

行　　业	2005 年	2006 年	2007 年	2008 年	2009 年
电气机械及器材制造业	58.47	72.73	83.59	78.19	72.56
有色金属冶炼及压延加工业	65.05	87.58	85.84	87.17	72.84
交通运输设备制造业	53.91	71.90	79.13	66.31	84.69

资料来源：上海市发展和改革委员会,上海市统计局.上海产业转型发展系列课题研究报告之土地篇[R].2011.

　　由表 5-21 看出,高效工业园区中有一个或两个土地产出效率较高的行业,其企业数占到园区总企业数的比例接近或大于 15%。如市北工业园区中,企业所属行业为通信设备、计算机及其他电子设备制造业,仪器仪表和电气机械及器材制造业的比例都为 17.86%;外高桥保税区中,企业所属行业为通信设备、计算机及其他电子设备制造业的比例为 23.98%;康桥工业区中,企业所属行业为电气机械及器材制造业的比例为 14.16%;安亭汽车产业基地中,企业所属行业为交通运输设备制造业的比例为 21.43%;枫泾工业园区中,企业所属行业为交通运输设备制造业的比例为 19.77%;张堰工业区中,企业所属行业为电气机械和汽车制造业的比例为 14.67%。另外,闵北工业区、松江工业区、欣梅城镇工业地块中包括了 5 个土地产出效率较高的行业,这也可能是工业园区土地产出效率较高的原因之一。

表 5-21　土地产出效率高于行业平均水平的企业比例（2008 年）

园区名称	园区内企业所属行业的比例				
	通信设备、计算机及其他电子设备制造业	仪器仪表及文化、办公用机械制造业	电气机械和器材制造业	交通运输设备制造业	有色金属冶炼及压延加工业
市北工业园区	17.86%	7.14%	17.86%	——	——
外高桥保税区	23.98%	4.47%	4.88%	9.35%	——
金桥出口加工区	13.24%	9.22%	8.98%	8.04%	
康桥工业区	——	——	14.16%	5.75%	——
闵北工业区	5.56%	2.78%	5.95%	2.78%	1.59%
松江工业园区	7.71%	4.13%	7.00%	3.82%	0.87%

园区名称	园区内企业所属行业的比例				
	通信设备、计算机及其他电子设备制造业	仪器仪表及文化、办公用机械制造业	电气机械和器材制造业	交通运输设备制造业	有色金属冶炼及压延加工业
欣梅城镇工业地块	6.43%	3.57%	6.43%	2.86%	1.43%
安亭汽车产业基地	7.14%	——	7.14%	21.43%	——
浦东新区机场经济园区	5.00%	——	12.50%	7.50%	——
枫泾工业园区	——	——	——	19.77%	——
张堰工业区	1.33%	——	14.67%	1.33%	6.67%

资料来源：2008年上海经济普查数据。

这里将土地产出效率一直较低的工业园区定义为地均产出残差小于0且地均产出排名变化不大（即排名上升或下降的幅度小于10名）；而地均产出残差小于0且排名有显著上升（排名上升大于或等于10名）的则属于区位劣势非常明显的工业园区（见表5-22）。

表5-22　土地产出效率一直较低和区位劣势非常明显的工业园区（2009年）

区位劣势非常明显的工业园区					
区/县	园区名称	原排名	地均产出残差（亿元/平方公里）	新排名	排名差距
奉贤区	庄行城镇工业地块	62	−0.50	43	19
浦东新区	宣桥城镇工业地块	56	−0.81	44	12
奉贤区	邬桥城镇工业地块	63	−1.24	45	18
金山区	干巷城镇工业地块	73	−1.69	46	27
浦东新区	临港重装备产业基地	67	−2.09	47	20
崇明县	崇明工业园区	82	−5.38	52	30
金山区	兴塔工业区	71	−5.80	54	17
金山区	金山工业区	66	−5.81	55	11
奉贤区	海港综合开发区城镇工业地块	77	−6.89	56	21
奉贤区	泰顺城镇工业地块	75	−9.57	61	14

（续表）

区/县	园 区 名 称	原排名	地均产出残差（亿元/平方公里）	新排名	排名差距
区位劣势非常明显的工业园区					
崇明县	富盛开发区	81	−10.64	64	17
金山区	松隐城镇工业地块	83	−11.12	65	18
奉贤区	青港经济园区	80	−11.87	68	12
嘉定区	华亭城镇工业地块	84	−12.23	71	13
宝山区	吴淞工业基地	86	−14.27	76	10
土地产出效率一直较低的工业园区					
奉贤区	工业综合开发区	42	−3.66	49	−7
宝山区	宝山工业园区	50	−5.52	53	−3
浦东新区	南汇工业区	54	−7.25	57	−3
浦东新区	老港化工工业区	68	−9.43	60	8
松江区	松江工业区石湖荡分区	65	−9.98	62	3
金山区	朱泾工业园区	72	−11.57	67	5
奉贤区	化学工业区奉贤分区	78	−11.96	69	9
浦东新区	临港主产业基地	79	−11.98	70	9
青浦区	白鹤镇工业开发区	76	−12.49	72	4
奉贤区	头桥城镇工业地块	85	−19.41	80	5
奉贤区	奉贤现代农业园区	74	−23.18	83	−9

土地产出效率一直较低的主要原因：

一是产业定位不太明确。在表5－22中，老港化工工业区以化工产业为主、奉贤现代农业园区以农产品加工产业为主；工业基地主导产业较为明确的，如：吴淞工业基地以优质钢材、铜材、新型建材和精细化工为主，临港重装备产业基地以大型装备产业为主，化学工业区奉贤分区以石油化工和精细化工产业为主等，而其他工业园区（大多数为城镇工业地块）的主导产业均不明确。

二是园区内企业所属行业以中等偏低技术或低技术为主。其中，泰顺城镇工业地块、白鹤镇工业开发区、松隐城镇工业地块、罗店工业园区、宝山工业区中,企业所属行业为低技术和中等偏低技术的比例都超过了50%。另外,头桥城镇工业地块和富盛开发区中,企业所属行业为高技术的比例为0%(见表5-23)。

表5-23　土地产出效率一直较低和区位劣势非常明显的
工业园区中行业技术水平情况(2008年)　　　　　单位:%

区/县	园区名称	低技术行业和中等偏低技术行业的比例	高技术行业比例
宝山区	吴淞工业基地	37.74	3.77
金山区	朱泾工业园区	42.11	5.26
奉贤区	泰顺城镇工业地块	70.15	1.49
青浦区	白鹤镇工业开发区	56.96	2.61
奉贤区	青港经济园区	39.77	0.58
金山区	松隐城镇工业地块	51.79	5.36
奉贤区	头桥城镇工业地块	46.77	0
崇明县	富盛开发区	44.44	0
奉贤区	奉贤现代农业园区	43.90	7.32
浦东新区	老港化工工业区	45.71	4.29
奉贤区	海港综合开发区城镇工业地块	42.11	5.26
浦东新区	临港主产业基地	45.53	2.44
奉贤区	邬桥城镇工业地块	50.00	3.03
奉贤区	工业综合开发区	39.42	7.54
金山区	兴塔工业区	43.64	0.91
金山区	干巷城镇工业地块	40.91	4.55
金山区	金山工业区	45.30	5.37
松江区	松江工业区石湖荡分区	40.13	5.92
宝山区	宝山工业区	51.97	0.79
浦东新区	临港重装备基地	68.52	1.81
浦东新区	南汇工业区	46.63	1.84

注:根据OECD科技产业分类(2005),低技术行业包括食品制造业,饮料制造业,烟草制造业,纺织业,纺织服装、鞋、帽制造业,皮革、皮毛、羽毛(绒)及其制造业,木材加工及木、竹、藤、棕、草制品业,造纸及纸制品业,印刷业和记录媒体的复制,废弃资源和旧材料回收加工业;中等偏低技术行业包括石油加工、焦炼及核燃料加工,橡胶制品业,塑料制品业,非金属矿物制品业,金属制品业。高技术行业包括通信设备、计算机及其他电子设备制造业,仪器仪表及文化、办公用机械制造业,医药制造业。

三是园区内企业所属行业的土地产出效率低。根据 2005—2009 年上海市
34 个行业单位土地产出率数据,纺织业,纺织服装、鞋、帽制造业,金属制品业,
通用设备制造业,化学原料及化学制品制造业,专用设备制造业,塑料制品业的
单位面积工业产值都低于行业平均水平(见表 5 - 24)。

表 5 - 24　上海市土地产出效率低于行业平均水平的产业(2005—2009 年)

单位:亿元/平方公里

行　　业	2005 年	2006 年	2007 年	2008 年	2009 年
行业平均水平	53.38	60.96	71.40	71.74	69.81
化学原料及化学制品制造业	45.76	51.32	63.77	54.09	61.04
通用设备制造业	45.15	52.58	59.09	58.34	57.72
纺织服装、鞋、帽制造业	49.11	53.20	51.69	56.46	56.99
专用设备制造业	33.58	38.47	42.68	48.90	53.27
印刷业和记录媒介的复制	44.06	45.31	50.15	48.50	49.28
塑料制品业	35.38	37.54	44.24	46.29	42.28
金属制品业	34.62	39.44	45.17	44.73	35.58
纺织业	34.80	34.92	33.51	35.07	33.13

资料来源:上海市发展和改革委员会,上海市统计局.上海产业转型发展系列课题研究报告之
土地篇[R].2011.

由表 5 - 25 看出,在低效工业园区中,企业为土地产出效率较低的行业所
占比例大多超过 60%。而且,在一些工业园区中,土地产出效率较低的行业
所占比例接近甚至高于 20%,例如:吴淞工业基地的金属制品业,青港经济园
区的金属制品业和通用设备制造业,松隐城镇工业地块的纺织服装、鞋、帽制
造业和化学原料及化学制品制造业,罗店工业区的金属制品业,老港化工工业
区的化学原料及化学制品制造业,临港主产业基地的金属制品业和通用设备
制造业,宣桥城镇工业地块的塑料制品业,庄行城镇工业地块的通用设备制造
业,等等。

单位：%

表5-25　土地产出效率低于行业平均水平的企业比例(2008年)

企业所属行业 园区名称	纺织业	金属制品业	塑料制品业	印刷业和记录媒介的复制	专用设备制造业	纺织服装、鞋、帽制造业	通用设备制造业	化学原料及化学制品制造业	合计
吴淞工业基地	3.77	19.81	3.77	1.89	7.55	0.94	14.15	8.49	60.38
朱泾工业园区	12.37	10.31	10.31	—	8.25	12.37	5.15	6.19	64.95
白鹤镇工业开发区	3.04	10.87	11.74	2.17	6.52	13.91	16.52	2.61	67.39
青浦经济园区	1.75	22.81	2.92	—	8.77	1.17	25.73	3.51	66.67
宣桥城镇工业地块	—	9.52	38.10	—	—	4.76	14.29	—	66.67
松隐城镇工业地块	1.79	1.79	12.50	—	3.57	25.00	7.14	23.21	75.00
南汇工业区	12.27	6.13	7.98	0.61	9.20	10.43	9.20	4.29	60.12
庄行城镇工业地块	10.26	10.26	5.13	2.56	2.56	—	25.64	15.38	71.79
老港化工工业区	8.57	14.29	4.29	2.86	5.71	2.86	2.86	22.86	64.29
临港主产业基地	0.81	23.58	0.81	1.63	10.57	8.94	21.14	2.44	69.92
海港综合开发区城镇工业地块	—	18.42	10.53	—	18.42	7.89	7.89	—	63.16
化学工业区奉贤分区	—	9.68	3.23	—	—	—	3.23	45.16	61.29
崇明工业园区	2.90	13.04	4.35	—	10.14	4.35	20.29	2.90	57.97
邬桥城镇工业地块	4.55	16.67	3.03	—	6.06	4.55	12.12	4.55	51.52
工业综合开发区	3.19	13.91	5.22	2.32	10.14	3.77	13.04	4.35	55.94
兴塔工业区	9.09	3.64	9.09	0.91	16.36	15.45	13.64	3.64	71.82
千巷城镇工业地块	—	13.64	4.55	4.55	18.18	—	—	18.18	59.09
金山工业区	8.05	12.08	6.04	1.68	4.36	7.05	14.09	10.40	63.76
宝山工业区	1.57	25.98	3.15	—	2.36	1.57	15.75	4.72	55.12
临港重装备基地	1.85	51.85	1.85	1.85	5.56	5.56	9.26	—	77.78

数据来源：2008年上海经济普查数据。

5.3 问题及政策建议

5.3.1 用单位面积工业产值进行评价的问题

上述分析都是采用单位面积工业总产值来评价土地产出效率,而这个指标对于某些工业园区(尤其是以代加工为主的工业园区)来说,所反映出来的土地产出效率不能说明该园区的真实情况。例如,漕河泾出口加工区是以电子信息产品代加工为主的工业园区,从表 5 - 26 中可以看出,2006—2010 年其工业总产值大多大于 500 亿元,其中,2010 年的工业总产值最高,为 793.54 亿元,但利润和税收却很低。如果用单位面积工业总产值来评价漕河泾出口加工区,土地产出效率很高,但实际上单位面积工业增加值却较低;也就是说,其土地产出效率被明显高估了。而如果用单位面积税收来衡量土地产出效率,则漕河泾出口加工区对政府财政的贡献很小。因此,为了更加真实地反映工业园区的土地产出效率情况,有必要建立工业园区工业增加值的统计体系。

表 5 - 26   漕河泾出口加工区的工业总产值、利润、税收情况(2006—2010 年)

指标 年份	2006	2007	2008	2009	2010
工业总产值(亿元)	507.15	641.86	437.91	576.87	793.54
利润(亿元)	0.79	3.07	0.44	2.26	6.07
税收(亿元)	——	0.01	0.01	——	——

数据来源:《上海统计年鉴 2007—2011》。

5.3.2 工业园区中发展 2.5 产业的问题

从 2.5 产业理念的起源和发展历程来看,2.5 产业的核心由两部分组成:一是传统制造业的服务化,二是具有产品生产功能的服务业。它们的共同之处在于最终的产出并不是单一的产品或服务,而是两者的综合。

我国绝大部分地区将 2.5 产业等同于生产性服务业。诚然,生产性服务业当中,有不少产业最终的产出既有有形的产品也有无形的服务,但是从本质上来说,生产性服务业与 2.5 产业之间依然存在许多差异:① 生产性服务业本质上是服务业的分支,而 2.5 产业起源于制造业的升级;② 生产性服务业是社会分工专业化趋势的产物,而 2.5 产业是产业融合趋势的产物;③ 生产性服务业是面向生产领域的服务,而 2.5 产业既有面向生产领域的部分(如规划设计),又有面向生活消费的部分(如动漫、软件);④ 生产性服务业的许多行业的产出仍然是纯服务,例如金融、保险、法律、会计等,而 2.5 产业的产出必须有可以批量制造的产品。因此,将生产性服务业等同于 2.5 产业无论在理论还是实践上,都不合适。

过于泛化的 2.5 产业范畴可能会引发诸多问题。比如一些工业园区以发展 2.5 产业为由,利用工业用地发展生产性服务业,将服务业的产出算到工业用地上,导致这些工业园区的土地产出效率较高,这主要是 2.5 产业与生产性服务业的范畴不清引起的。还有一些工业园区,将厂房出租用来发展商业、餐饮等,但其产值仍然计算在工业用地上。无论是以 2.5 产业为由发展服务业,还是出租厂房以工业用地吸引服务业的行为,都导致土地产出效率被高估。将这些工业园区的土地产出效率与那些严格按照国家用地政策发展的工业园区进行比较是不合理的。如漕河泾新兴技术开发区(本部)、金桥出口加工区和张江高科技园区用办公用地、商业用地来发展生产性服务业,这部分产出并没有算到工业用地上,这可能是这些工业园区土地产出效率不太高的主要原因之一。

利用工业用地发展服务业,所显示出来的并不是制造业的产出,而是服务业的产出。这不仅导致难以评价工业园区真实的土地产出效率,而且对正常商业用地的出让市场造成了严重的冲击并导致地方财税的损失。因此,在城市经济转型时期,园区内工业用地政策也要与时俱进、统一规范,对土地管理制度进行改革,调整过于僵硬的土地用途管控。

5.3.3　靠近市中心的成熟工业园区的出路

靠近市中心的工业园区是指位于外环以内的工业园区(见表 5 - 27),这些工业园区与主城区的关系较为复杂。

表 5 - 27　靠近市中心的工业园区土地产出效率情况 (剔除区位因素) (2009 年)

区/县	园 区 名 称	园区级别	原排名	地均产出残差 (亿元/平方公里)	新排名	排名差距
浦东新区	北蔡城镇工业地块	区县级	5	121.69	3	2
普陀区	桃浦工业园区	区县级	6	90.05	5	1
浦东新区	金桥出口加工区	国家级	2	58.42	10	−8
浦东新区	外高桥保税区	国家级	12	28.80	16	−4
浦东新区	高桥老工业基地城镇工业地块	区县级	18	40.79	12	6
闸北区	市北工业园区	市级	27	16.20	22	5
浦东新区	张江高科技园区	国家级	46	−22.79	82	−36
徐汇区	漕河泾新兴技术开发区	国家级	26	−114.49	86	−60
宝山区	吴淞工业基地	工业基地	86	−14.27	76	10

由表 5 - 27 看出,位于中心城区的工业园区包括漕河泾新兴技术开发区、市北工业园区、桃浦工业园区,这些工业园区现已转型发展总部经济、生产性服务业等,与主城区功能是互补关系。今后主要的发展方向是逐步与城市相融合,成为中心城区的一部分,促进就业与居住相兼容,第二产业与第三产业协调发展。因此,对于这些工业园区也就没有必要划分清晰的园区界线。

另一类工业园区是与城市功能相冲突的,如吴淞工业基地、高桥老工业基地城镇工业地块。吴淞工业基地以优质钢材、铜材、新型建材为主,主要企业包括上钢一厂(现宝钢股份有限公司不锈钢事业部)和上钢五厂(现宝钢股份有限公司特钢事业部);而高桥老工业基地城镇工业地块以化工产品为主。化工和钢铁产业的环境污染都较为严重,因此,这两个工业园区与中心城区功能发生严重冲突,今后主要发展方向为产业结构的调整和发展方式的转型,逐步撤销这些工业园区。

还有一些工业园区,如张江高科技园区、金桥出口加工区、外高桥保税区等,应保留其独立性,在工业园区内发展城市功能,处理好工业园区与主城区之间的关系。

5.3.4　区位劣势非常明显和土地产出效率一直较低的工业园区

这里主要分析位于外环至外郊环之间且到市中心距离大于 30 公里或位于

外郊环以外的工业园区。表5-28除了列出区位劣势非常明显和土地产出效率一直较低的区县级工业园区,还包括了区位劣势非常明显的市级工业园区,如崇明工业园区、富盛开发区和兴塔工业区。

表5-28　区位劣势非常明显和土地产出效率一直较低的
工业园区(区县级、市级)(2009年)

位于外环至外郊环之间(到市中心距离大于30公里)					
区/县	园 区 名 称	原排名	地均产出残差 (亿元/平方公里)	新排名	排名差距
奉贤区	庄行城镇工业地块	62	−0.50	43	19
奉贤区	邬桥城镇工业地块	63	−1.24	45	18
奉贤区	泰顺城镇工业地块	75	−9.57	61	14
金山区	松隐城镇工业地块	83	−11.12	65	18
奉贤区	青港经济园区	80	−11.87	68	12
青浦区	白鹤镇工业开发区	76	−12.49	72	4
奉贤区	头桥城镇工业地块	85	−19.41	80	5
位于外郊环以外					
区/县	园 区 名 称	原排名	地均产出残差 (亿元/平方公里)	新排名	排名差距
金山区	干巷城镇工业地块	73	−1.69	46	27
崇明县	崇明工业园区	82	−5.38	52	30
金山区	兴塔工业区	71	−5.80	54	17
金山区	金山工业区	66	−5.81	55	11
奉贤区	海港综合开发区城镇工业地块	77	−6.89	56	21
崇明县	富盛开发区	81	−10.64	64	17
嘉定区	华亭城镇工业地块	84	−12.23	71	13

　　上述工业园区所处区位并不适合发展工业,在剔除区位劣势影响后土地产出效率仍然较低,其中大部分为区县级工业园区。设立区县级工业园区主要与财政税收制度有关,是财政分灶吃饭的结果。乡镇政府有财政税收的压力,而区县级工业地块是乡镇税收收入的主要来源之一,因此,乡镇政府有较大的动力设

立城镇工业地块。而过多的城镇工业地块使得上海市工业用地布局过于分散，工业与居住犬牙交错。目前上海的工业用地偏多，从城市综合竞争力的角度出发，需要重新布局上海的工业用地。可以将部分土地产出效率一直较低和区位劣势明显的区县级工业园区或市级工业园区（崇明工业园区、富盛开发区、兴塔工业区），调整到区位较好的工业园区。从长远来看，上海有必要减少工业用地，可以逐步合并或撤销部分工业园区，用于发展其他用地（如耕地、绿地、公共设施用地、住宅用地等），并通过转移支付的方式来解决财政体制存在的问题。

6 结论与展望

基于上一章的评价结果,一方面可以判断出园区级别、地理位置等区位因素对工业园区土地产出效率的影响程度,研判工业园区产出效率差异的原因;另一方面可以识别出不适合发展工业的地方,从而明确产业结构优化和调整的方向,推动城市发展转型。本章将总结本书的主要研究结论,分别从理论、技术和应用层面阐述本书的创新之处,并提出有待改进的地方和未来的研究方向。

6.1 结论

本书从相对值的角度来衡量工业园区的土地产出效率,即在剔除某些客观条件(如园区级别、地理位置等区位因素)的影响后,对工业园区的土地产出效率进行评价。本书得出的主要结论如下:

第一,以土地产出强度指标(单位面积工业产值)来评价工业园区的土地产出效率有一定的作用,但存在以下局限性:一是没有考虑到园区级别、地理区位等客观因素的影响,将所有工业园区放在同一起跑线上进行评价是不合理的;二是现有评价默认所有工业园区都是合理的,落后的工业园区可以通过自己的努力提高土地产出效率,但实际上有些工业园区所处区位并不适合发展工业,如与城市功能发生严重冲突的工业园区或区位十分不利的工业园区。现有评价的方法无法反映出上述问题。

第二，园区级别对土地产出效率有重大影响。本书将园区级别分为国家级工业园区、市级工业园区、工业基地和区县级工业园区。通过园区级别对上海市工业园区土地产出效率的回归中可以看出，国家级、市级工业园区的系数为正，且1％在水平上显著，说明国家级、市级工业园区的土地产出效率较高。用回归残差表示剔除园区级别影响后的土地产出效率，并对地均产出排名变化情况进行了比较。大部分国家级工业园区的地均产出排名有显著下降，说明国家级工业园区有很明显的级别优势；大多数市级工业园区的地均产出排名有所下降，但幅度不是很大，说明市级工业园区有一定的级别优势，但明显小于国家级工业园区；工业基地的地均产出排名变化不大，说明工业基地并没有明显的级别优势；区县级工业园区的地均产出排名都有所上升，说明区县级工业园区有明显的级别劣势。其背后的原因是园区级别越高，则上一级政府对园区内的产业布局更为重视，产业以技术含量高、资本投资强为特点，引进的项目质量较高。另外，之所以我国工业用地布局高度分散，与低级别工业地块（区县级工业园区）的大量存在有着密切关系。乡镇政府有财政税收的压力，而区县级工业园区是乡镇政府主要的税收来源之一。因此，我国工业用地布局过度分散的问题与我国的财政税收体制密切相关。

第三，地理区位对工业园区的土地产出效率也有较大的影响。通过到市中心距离对上海市工业园区土地产出效率进行回归，其系数为负且在1％水平上显著。说明离市中心越近，则土地产出效率越高。这主要是因为离市中心较近的工业园区更容易享受到中心城区的服务功能，有利于吸引优质项目进入。从地均产出排名变化中可以看出，位于外环以内、外环与外郊环之间（到市中心距离小于或等于20公里）的工业园区中，大部分地均产出排名有所下降，说明这些工业园区有一定的地理区位优势；而位于外环至外郊环之间（到市中心距离大于30公里）、位于外郊环以外的工业园区中，大部分地均产出排名都有所上升，说明这些工业园区具有一定的地理区位劣势。另外，通过到最近高速公路距离对上海市工业园区土地产出效率进行回归，其系数为负且在10％水平上显著。说明离高速公路越近，则土地产出效率越高，但与到市中心距离相比影响较小。靠近高速公路的工业园区，交通通达性较好，便于运输。

第四，工业用地与城市功能的关系复杂，靠近市中心的工业园区能享受到公共设施长期投入的成果,即中心城区服务功能的辐射作用以及交通通达性较好;而离市中心较近的工业园区所产生的污染问题会损害到城市功能的发挥。因此,靠近市中心的工业园区如何发展是城市发展方式转型的关键。离市中心较近的成熟工业园区,如果与城市功能互补,则考虑逐步与中心城区融为一体;如果与城市功能发生严重冲突,则考虑逐步撤销此类工业园区。

第五,从城市综合竞争力的角度来看,上海市的工业用地明显偏多,除了逐步撤销离市中心较近且与城市功能发生严重冲突的工业园区外,对于区位非常不利的区县级工业园区或市级工业园区,可以考虑将部分工业园区内的企业搬到区位较好的园区,逐步撤销一些工业园区用以发展其他用地(如农业、绿地、公共设施用地、住宅用地等),改善城市土地利用结构不合理的状况。

第六,在工业园区发展转型的过程中,一方面,2.5产业提高了园区的土地产出效率;另一方面,由于2.5产业与生产性服务业的范畴不清,利用工业用地发展服务业的现象较为普遍,而将服务业的产出算在工业用地上,导致工业用地土地产出效率被高估。将严格按照用地政策的工业园区的土地产出效率与那些利用办公用地、商业用地来发展服务业的园区相比,是不合理的。因此,园区内工业用地政策也要与时俱进,统一规范,对土地管理制度进行改革。

6.2 创新点

本书的创新点在于以下三个方面:

从理论层面上来看,本书将地租理论、区位理论纳入土地产出效率评价中,改变了原有评价体系缺乏理论支撑的现状。

从技术层面上来看,本书采用了新的思路和方法对工业园区产出效率进行评价。在研究思路上,本书认为原来传统的评价方法,即采用地均产出来评价土地利用效率的高低,有一定的效果,但掩盖了存在矛盾的地方,没有将问题暴露出来。本书提出工业园区土地产出效率受到园区级别和地理区位等客观条件的影响。园区级别越高,受到高一级别政府的重视程度越高,进入的产业具有技术含量高、资本投资强度大的特点,进入的项目质量更高。工业园区离市中心较近,能享受到市中心的服务功能且交通通达性较好,更容易吸引优质的企业。因此,把所有工业园区放在同一起跑线上,且认为低效的工业园区可以通过自己的努力提高土地利用效率,这是不合理的。只有在剔除区位因素对产出效率影响的情况下,才能分析出工业园区土地产出效率差异的原因,更为客观、合理地评价工业园区的土地产出效率。在研究方法上,本书对企业的区位选择进行了实证研究,明确了区位变量的范围,并在此基础上对上海市工业园区的土地产出效率进行回归,用回归残差来表示剔除区位因素影响后的土地产出效率。

从应用层面上来看,本书提出的评价方法将工业园区土地产出效率评价与城市发展方式转型紧密结合,这种方法能使我们从城市功能的角度重新审视某些工业园区存在的合理性以及发展转型的方向。新的评价方法更能客观反映工业园区的土地产出效率,有利于我们认识城市工业空间结构调整的方向。

6.3 展望

当然,本书还有一定的局限性和不足,有待进一步改进和深入研究:

第一,由于目前工业园区有关工业增加值的统计体系还未建立,本书采用单位面积工业产值来评价工业园区的土地产出效率,但该指标会导致评价结果的失真。比如,以代加工为主的工业园区与真正的制造业工业园区是不一样的,代加工园区的产值非常高,但其增加值和税收可能较低,因此,用单位面积工业产值来评价土地产出效率并不能反映出真实的土地产出效率。

第二,本书只采用了2006—2009年的数据进行回归,由于数据的时间跨度较短,表示区位因素的自变量在时间上基本没有变化。比如,表示政策因素的工业园区级别,由于2004年全国的开发区进行清理整顿,之后上海所确定的市级或国家级工业园区在2006—2009年并没有变化。因此,通过区位因素对工业园区产出效率的回归,用回归残差来表示剔除区位因素后的产出效率在时间上的变化并不明显。考虑到数据的缺失情况,本书只对2009年上海市86个工业园区的产出效率进行评价。但如果时间跨度足够长(如10年左右),工业园区的级别可能会变动,距离变量也可能由于工业园区的扩建、合并、撤销等原因而变化,这样就可以研究各工业园区土地产出效率在时间上的变化趋势,并判断工业园区的产业结构调整政策是否有效,土地产出效率是否有所提高。

　　第三,本书只考虑了区位因素对工业园区产出效率的影响,但忽略了工业园区对周边地区的环境影响。对工业用地进行环境外部性评价较为困难,工业污染主要包括废水、废气、废渣、噪声污染等,如果要了解各工业园区对周边地区的环境影响,需要对不同工业园区附近的空气、水质、土壤等进行长时间的监测,就目前来说操作难度较大且成本较高。因此,由于这些客观困难,本书并没有将环境影响纳入新的评价方法中。今后努力的方向是把外部效应纳入工业园区土地产出效率的评价中,使评价结果更为全面、客观。

附　录

1. 到市中心距离与土地产出效率关系的数学推导

假设在肥沃程度一样的平原上进行生产活动,在那里只有一个市中心。这些农作物必须运到市场上才能销售。为了简化问题,假设在一个区域内的需求曲线是无限弹性的,并假设 CD 生产函数的规模报酬不变:

(1) $Q = AT^a N^b K^c$,　　　其中,$a + b + c = 1$

生产函数中,T 表示土地,N 表示劳动力,K 表示资本。生产者追求利润最大化,要素价格等于边际产品收益。假设工资 w 和资本利率 i 是外生的,而土地租金 r 是随位置而变化的,是内生决定的。

$$Max[pQ - rT - wN - iK] = Max[pAT^a N^b K^c - rT - wN - iK]$$

$F.O.C.$

$$apAT^{a-1} N^b K^c - r = 0$$

$$bpAT^a N^{b-1} K^c - w = 0$$

$$cpAT^a N^b K^{c-1} - i = 0$$

从以上式子我们可以得出:

(2) $r = a \cdot \dfrac{Q}{T} \cdot p$

（3）$w = b \cdot \dfrac{Q}{N} \cdot p$

（4）$i = c \cdot \dfrac{Q}{K} \cdot p$

根据 Muth(1961)，对(1)～(4)取自然对数，得到：

（5）$\ln Q = \ln A + a \ln T + b \ln N + c \ln K$

（6）$\ln T = \ln a + \ln p + \ln Q - \ln r$

（7）$\ln N = \ln b + \ln p + \ln Q - \ln w$

（8）$\ln K = \ln c + \ln p + \ln Q - \ln i$

把(6)～(8)式代入(5)得到：

（9）$\ln Q = \ln A + a(\ln a + \ln p + \ln Q - \ln r) + b(\ln b + \ln p + \ln Q - \ln w)$

$\qquad + c(\ln c + \ln p + \ln Q - \ln i)$

$\qquad = \ln A + a \ln A - a \ln r + b \ln b - b \ln w + c \ln c - c \ln i + (a+b+c)\ln p$

$\qquad + (a+b+c)\ln Q$

因为 $a+b+c=1$，可以得到：

$$a \ln r = \ln A + a \ln A + b \ln b - b \ln w + c \ln c - c \ln i + \ln p$$

（10）$\ln r = \dfrac{\ln A + a \ln a + b \ln b + c \ln c}{a} - \dfrac{b}{a} \ln w - \dfrac{c}{a} \ln i + \dfrac{\ln p}{a}$

将(6)式与(7)式相减得到：

$$\ln N - \ln T = \ln b + \ln p + \ln Q - \ln w - \ln a - \ln p - \ln Q + \ln r$$

$$= \ln b - \ln a - \ln w + \ln r$$

$$= \ln b - \ln a - \ln w + \dfrac{\ln A + a \ln a + b \ln b + c \ln c}{a}$$

$$- \dfrac{b}{a} \ln w - \dfrac{c}{a} \ln i + \dfrac{\ln p}{a}$$

（11）$\ln\left(\dfrac{N}{T}\right) = \ln b + \dfrac{\ln A + b \ln b + c \ln c}{a} - \dfrac{(a+b)\ln w}{a} - \dfrac{c}{a} \ln i + \dfrac{\ln p}{a}$

（12）$\ln\left(\dfrac{K}{T}\right) = \ln c - \ln a - \ln i + \ln r$

$$= \ln c - \ln a - \ln i + \frac{\ln A + a\ln a + b\ln b + c\ln c}{a}$$

$$- \frac{b}{a}\ln w - \frac{c}{a}\ln i + \frac{\ln p}{a}$$

$$= \ln c + \frac{\ln A + b\ln b + c\ln c}{a} - \frac{b}{a}\ln w - \frac{a+c}{a}\ln i + \frac{\ln p}{a}$$

从(6)式中可以得出：

$$\ln Q - \ln T = \ln r - \ln a - \ln p$$

$$= \frac{\ln A + a\ln a + b\ln b + c\ln c}{a} - \frac{b}{a}\ln w - \frac{c}{a}\ln i + \frac{\ln p}{a} - \ln p - \ln a$$

$$(13)\ \ln\left(\frac{Q}{T}\right) = \frac{\ln A + b\ln b + c\ln c}{a} - \frac{b}{a}\ln w - \frac{c}{a}\ln i + \frac{b+c}{a}\ln p$$

在离市场 k 的地方，农民可获得的价格，可以用市场价格 P_0 的负指数函数表示：

$(14)\ P_k = P_0 e^{-gk}$，或者

$(15)\ \ln P_k = \ln P_0 - gk$

把(15)代入(10)~(13)可以得到土地租金的梯度、要素比率和产出。工资和利率在空间上保持不变，那么，

$$(16)\ \ln r_k = C_1 + \frac{\ln P_0}{a} - \frac{gk}{a}, \qquad \text{其中，} C_1 \text{ 表示常数项}$$

$$(17)\ \ln\left(\frac{N}{T}\right)_k = C_2 + \frac{\ln P_0}{a} - \frac{gk}{a}, \qquad \text{其中，} C_2 \text{ 表示常数项}$$

$$(18)\ \ln\left(\frac{K}{T}\right)_k = C_3 + \frac{\ln P_0}{a} - \frac{gk}{a}, \qquad \text{其中，} C_3 \text{ 表示常数项}$$

$$(19)\ \ln\left(\frac{Q}{T}\right)_k = C_4 + \frac{(b+c)\ln P_0}{a} - \frac{(b+c)gk}{a}, \qquad \text{其中，} C_4 \text{ 表示常数项}$$

从(16)~(19)中，我们可以看出，离市中心越远(即 K 越大)，单位土地面积的产出、单位面积资本投入、单位面积劳动力投入越小。虽然上述分析是针对农业用地的，但对于工业用地来说，也同样存在着离市中心越近，则土地产出效率就越高的现象。因此，工业用地绩效评价中，没有考虑区位因素对土地生产率的影响是不合理的。

2. 企业区位选择的实证研究

作　者	空间单位	时间段	行　业	模型	影　响　因　素
Arauzo & Manjon (2004)	镇和县 (西班牙)	1987—1996 年	制造业	CL ML PO	集聚经济：城市经济(每平方公里的就业人数)(＋)，城市不经济(城市经济的平方)(－)，区位经济(每个工业部门的单位面积就业人数)(－) 市场规模：人口密度(－) 人力资本：教育水平
Arauzo (2005)	镇(西班牙)	1987—1996 年	五个制造业行业	PO	集聚经济：城市经济(每平方千米的工作数量)(＋)，城市不经济(－)，在工业部门的就业比例(＋) 土地成本和城市经济：人口密度(＋/－,不显著) 通勤距离(－) 人力资本：教育水平(不显著)
Arauzo (2008)	镇和县 (西班牙)	2001—2005 年	制造业	PO NB ZINB	集聚经济：人口密度(＋)，制造业就业比例(＋) 市场规模：职位数(＋) 运输成本：到 4 个省首都的平均旅行时间，到最近机场的平均旅行时间，到最近港口的平均旅行时间 人力资本：25 岁以上人口平均受教育年限(－,不显著)
Arauzo & Viladecans (2009)	大城市地区 (西班牙)	1992—1996 年	高技术、中等技术和低技术行业	PO NB	集聚经济：在同一个制造业部门的企业数目(＋) 运输成本：到中心城区的距离(－) 城市经济：人口密度(＋) 人力资本：教育水平(＋/－)
Bade & Nerlinger (2000)	区(德国西部)	1989—1996 年	新技术部门	NB	集聚经济：制造业就业人数(＋) 人口密度：地区结构,倒 U(＋) 运输成本：道路网络,火车网络(不显著)(乘火车到达另一个集聚区所需要的时间) 劳动力成本：工资(＋) 政策：税收(－,不显著)

（续表）

作　者	空间单位	时间段	行　业	模型	影　响　因　素
Barbosa et al. (2004)	省（意大利）	1998—1999 年	制造业（FDI）	PO‐FE NB‐FE ZIPO	集聚经济：每个省相同行业的企业数目（＋），邻近省相同行业企业存量（—） 市场需求：电力消费总量（＋） 劳动力成本（—） 基础设施：公共基础设施（＋）
Bartik (1985)	州（美国）	1972—1978 年	制造业	CL	集聚经济：每平方英里制造业工作小时（＋） 劳动力成本：工资（—,不显著） 土地成本：人口密度（—,不显著） 运输成本：路网密度（不显著） 政策：企业所得税率（＋）、财产税（—,不显著）、失业保险税（不显著） 教育水平：平均受教育年限（—,不显著）
Becker & Henderson (2000)	县（美国）	1963—1992 年	制造业	PO‐FE	集聚经济：制造业就业人数（＋） 劳动力成本：工资（—） 政策：达到空气质量标准（＋）
Carlton (1983)	SMSA（美国）	1967—1971 年	三个制造业部门	CL	集聚经济：生产工时（＋） 劳动力成本：工资（—,不显著） 政策：税收‐财产税、个人所得税和企业所得税（不显著）
Cheng & Stough (2006)	城市（中国）	1997—2002 年	制造业（日本 FDI）	CL	集聚经济：日本 FDI 企业数目（＋），国内制造业企业数目（＋） 劳动力成本：有效制造业工资（＋） 土地成本：省平均房地产价格（—） 运输成本：交通基础设施密度（＋） 政策：国家发展区的数量（＋），省开发区的数量（＋,不显著） 人力资本：初中以上教育水平的人口比例（＋）

作　者	空间单位	时间段	行　业	模型	影　响　因　素
Cieslik （2005a）	省（波兰）	1993— 1998 年	所有经济 活动	NB	集聚经济：城市经济——城市人口比例，区位经济——第二产业就业人数占总就业人数的比例（＋） 市场规模：GDP（＋） 劳动力成本：工资（－） 运输成本：道路长度（＋），火车网络长度（－），是否有海港（＋），是否有国际机场（不显著） 政策：财政激励——是否在特别经济区（不显著） 人力资本：高中教育水平（－）
Cieslik （2005b）	区域（波兰）	1993— 1998 年	所有经济 活动 （FDI）	NB	集聚经济：工业就业人数占总就业人数的比例（＋） 城市经济：城市化率（－） 市场规模：GDP（＋，不显著） 劳动力成本：工资（－） 运输成本：道路网络、铁路网络（长度），是否有海港，是否有国际机场，电信基础设施（＋） 政策：财政激励——是否在特别经济园区（＋）
Coughlin et al. （1991）	州（美国）	1981— 1983 年	制造业 （FDI）	CL	集聚经济：每平方英里制造业就业人数（＋） 市场需求：人均收入（＋） 劳动力成本：工资（－） 运输成本：路网密度（＋），火车网密度（＋），公共机场设施密度（＋） 政策：人均税收（－，不显著），是否吸引外商直接投资的支出（＋）
Coughlin & Segev （2000）	县（加利福尼亚州，美国）	1989— 1994 年	制造业	NB	集聚经济：制造业就业人数占县内劳动力的比例（＋） 劳动力成本：工资（－） 运输成本：是否有州际高速公路（＋） 政策：税收（－）

作　者	空间单位	时间段	行　业	模型	影　响　因　素
Crozet et al. (2004)	区域（法国）	1985—1995 年	206 个部门（FDI）	CL NL	集聚经济：企业数（distance-weighted）（＋） 市场：市场潜力（＋） 劳动力成本：工资（－）
Figueiredo et al. (2002)	区（葡萄牙）	1995—1997 年	工业	CL	集聚经济：区位经济——某行业就业人数占制造业就业人数的比例（＋），城市经济——每平方公里制造业就业人数（＋） 劳动力成本：工资（－） 土地成本：人口密度（－） 运输成本：到主要城市（Porto and Lisbon）的距离（－）
Friedman et al. (1992)	州（美国）	1977—1988 年	制造业	CL	市场规模：gravity-adjusted 个人收入（＋） 劳动力成本：工资（－） 运输成本：是否口靠近货运码头（＋） 政策：当地税收压力（－），吸引外企投资的补贴（＋）
Gabe (2003)	县（缅因州，美国）	1996—1999 年	制造业	ZIPO	集聚经济：制造业企业数目（＋），县内某行业企业数目占全国该行业企业总数的比例（＋） 市场规模：人口数（＋） 劳动力成本：工资（－） 政策：税收——个人财产税（－），政府支出——人均政府支出（＋）
Gabe & Bell(2004)	县（缅因州，美国）	1993—1995 年	制造业	PO，NB	集聚经济：县内的某行业企业比例/全国相同行业的企业比例（＋） 运输成本：县中心到最近州际高速公路的距离（－） 劳动力成本：工资（－，不显著） 政策：公共基础设施投入（＋）

(续表)

作　者	空间单位	时间段	行　业	模型	影　响　因　素
Guimaraes et al. (1998)	县(波多黎各)	1979—1986 年	制造业	NL	集聚经济:制造业企业数目(＋) 土地成本:人口密度(－) 运输成本:到首都的距离(－),到主要道路的距离(－) 政策:税收减免(＋,不显著)
Guiamaraes et al. (2000)	(葡萄牙)	1985—1992 年	制造业 (FDI)	CL	集聚经济:单位面积制造业就业人数(＋)谋行业就业人数占制造业就业人数比例(＋) 劳动力成本:工资(不显著) 土地成本:人口密度(不显著) 运输成本:到 Porto 和 Lisbon 的距离(发达的交通基础设施、国际机场、海港)(－),是否位于 Porto(＋),是否位于 Lisbon(＋) 人力资本:初中教育水平(－),高中教育水平(不显著)
Guimaraes et al. (2004)	县(美国)	1989—1997 年	制造业	PO	集聚经济:城市经济——每平方公里制造业和服务业的企业密度(＋),区位经济——每平方公里的企业数(＋) 市场规模:县的个人总收入(＋) 劳动力成本:工资和薪水(－) 土地成本:人口密度(－) 政策:税收——人均财产税(－)
Hasen (1987)	城市(巴西)	1977—1979 年	制造业	NL	集聚经济:区位经济——某制造业部门的就业人数(＋),城市经济——具有十年及以上教育水平的制造业就业人数(＋) 劳动力成本:工资(－) 土地成本:土地价格(－) 运输成本:到 San Paulo 中心城区的距离(－)
Head et al. (1995)	州(美国)	1980—1989 年	制造业(日本 FDI)	CL	集聚经济:企业数目(国家,日本企业,某行业)(＋)

作　者	空间单位	时间段	行　业	模型	影　响　因　素
Head et al. (1999)	州(美国)	1980—1992 年	制造业(日本 FDI)	CL	集聚经济:制造业企业数目(＋) 市场需求:州的个人收入(＋) 劳动力成本:工资(＋) 政策:税收(－),是否在对外贸易区(＋),劳动力和资本补贴(＋)
Henderson & Kuncoro (1996)	区或县(印度尼西亚)	1980—1986 年	非食品制造业	CL	集聚经济:产业多样化- HHI(＋),本行业的就业人数(＋) 市场需求:当地人口数(＋) 劳动力成本:工资(－) 运输成本:道路长度(不显著),到最近大城市中心的距离(－)
Holl (2004a)	镇(葡萄牙)	1986—1997 年	制造业	PO-FE, NB- FE	集聚经济:制造业就业人数占总就业人数的比例(＋) 市场规模:城镇人口数(＋),市场潜力指数(＋) 劳动力成本:工资(－) 运输成本:到最近高速公路的距离(－) 人力资本:初中教育水平劳动力比例(－)
Holl (2004b)	镇(葡萄牙)	1986—1997 年	22 个制造业行业和 9 个服务业部门		集聚经济:专业化指数-某行业的就业人数占当地就业人数的比例/该行业总就业人数占全国就业人数的比例(－),行业多样化(＋) 市场规模:城镇人口数(＋),市场潜力指数(＋) 劳动力成本:工资(－) 运输成本:到最近高速公路的距离(－) 人力资本:指数-劳动力平均教育年限和平均工作年限(＋)
Levinson (1996)	州(美国)	1983—1987 年	工业部门	CL	集聚经济:制造业企业数(＋) 劳动力成本:工资(－,不显著) 运输成本:路网密度(＋)

（续表）

作　者	空间单位	时间段	行　业	模型	影　响　因　素
List(2001)	县（加利福尼亚州，美国）	1983—1992 年	制造业（FDI）	PO，ZIPO	集聚经济：企业数目（＋） 市场规模：人口密度（＋） 劳动力成本：工资（一） 政策：税收（不显著）
Luger & Shetty (1985)	州（美国）	1979—1983 年	药品、机械和机动车制造业	ML	集聚经济：行业的年工时（＋） 劳动力成本：工资（一） 政策：公共政策支持 FDI（＋） 人力资本：技术水平——该州的白领比例（＋） 城市经济：人口密度（＋）
McConell & Schwab (1990)	县（美国）	1973—1982 年	机动车产业	CL	集聚经济：制造业工人生产小时 城市经济：（＋） 劳动力成本：工资（一，不显著） 政策：税收（一），环境规制——臭氧达标情况（＋）
Shukla & Waddell (1991)	邮政编码（Dallas-Fort Worth，美国）	1987 年	所有经济活动	ML	集聚经济：总人口数（＋），建筑、制造业、批发业的就业人数（＋） 运输成本：到 CBD 的距离（一），到 CBD 距离的平方（＋），到国际机场的距离（＋），是否有高速公路（一）
Papke (1991)	州（美国）	1975—1982 年	5 个制造业部门	PO－FE	市场规模：总人口数（＋） 土地成本：农业用地价格（一） 劳动力成本：工资（一） 政策：税收（＋），政府支出
Woodward (1992)	县和州（美国）	1980—1989 年	制造业（日本企业）	CL	集聚经济：制造业企业数目（＋） 人口密度（＋） 劳动力成本：工资（一，不显著） 运输成本：州之间是否有联系（＋） 政策：税收——人均财产税 人力资本：25 岁以上平均受教育年限（＋）

（续表）

作 者	空间单位	时间段	行 业	模型	影 响 因 素
Wu(1999)	邮政编码（广州,中国）	1981—1991年	所有经济活动	PO,NB	劳动力市场：潜在人口（+） 土地成本：到CBD的距离（+） 政策：是否位于经济技术发展园区（+）
姜海宁等（2011）	地级市（中国）	2004—2008年	制造业企业500强总部	NB	运输成本和交通通达性：是否有港口（+），是否有地铁（+），是否有机场（+） 政策：是否为省会城市或直辖市（+）
林善浪,张惠萍(2011)	邮政编码（上海,中国）	2008年	信息服务业	NB	运输成本和交通通达性：到市中心的距离（—），到主要机场的距离（—），到主要火车站的距离（—），到长途客运站的距离（—），地铁或轻轨是否经过邮编区（+），是否为中心城区（+），是否为边远郊区（—）
刘修岩,张学良(2010)	地级市（中国）	2004—2007年	制造业	PO	集聚经济：地区产业专业化指标（+），地区产业多样性指数 市场因素：市场潜力（+） 劳动力成本：各地区职工平均工资（—） 运输成本：是否为港口城市（+） 政策：是否为省会城市（+）
吕卫国,陈雯(2009)	街道和建制镇(南京,中国)	2004年	制造业企业,高新技术制造业,污染密集型制造业	NB	土地成本：土地价格等级（+），到市中心的距离（—） 运输成本：是否有高速公路经过（+），到机场的距离（—），是否有长江岸线（+） 政策：是否为城市核心区（—），是否有市级以上开发区（+）
王芳芳,郝前进(2011)	地级市（中国）	2004—2007年	内资和外资工业企业	PO	市场因素：市场规模（+/—） 运输成本：各地区人均道路面积（+），是否有港口（+） 劳动力成本：年平均货币工资（+） 政策：环境管制强度（—），是否为省会城市或直辖市（+）

作　者	空间单位	时间段	行　业	模型	影　响　因　素
余珮,孙永平(2011)	省或直辖市自治区(中国)	1995—2007年	制造业(FDI)	CL	集聚经济:每个省(直辖市自治区)年初所拥有来自同一个大洲(或同一个国家)的财富500强子公司的数目(+),外资公司的集聚效应(+),每年省(或直辖市)东道产业所拥有的全部公司数(+),东道地区的产业专业化情况(+) 市场规模和潜力:在1994—2006年省(或直辖市)每年人均GDP(+),市场潜力值(+) 劳动力成本:工人的效率工资(—) 政策:省会到最近港口城市的距离(—)
张华,贺灿飞(2007)	邮政编码(北京,中国)	2001年	外资企业	PO	土地成本:土地价格(—) 运输成本和交通通达性:到市中心的距离(—),到首都机场的距离(—),到主要火车站的距离(—),是否有高速公路(+) 政策:是否有开发区(+)
赵新正,魏也华(2011)	邮政编码(上海,中国)	2008年之前	外资企业	NB	集聚经济:外企集聚渡(+),制造业集聚度(+),服务业集聚度(+) 土地成本:到市中心的距离(—) 运输成本:到主要火车站的距离(+/—),到主要机场的距离(+/—) 政策因素:是否为国家级工业区(+),是否为市级工业区(+)

注:CL代表条件Logit模型,ML代表多项Logit模型,NL代表巢式Logit模型,PO代表泊松模型,NB代表负二项模型,ZIPO代表零膨胀泊松模型,ZINB代表零膨胀负二项模型,FE代表固定效应,RE代表随机效应。

3. 上海市 104 工业地块(97 个工业园区)

区/县	园 区 名 称	区/县	园 区 名 称
徐汇区	漕河泾新兴技术开发区	松江区	泗泾城镇工业地块
普陀区	桃浦工业园区		松江工业区石湖荡分区
静安区	市北工业园区		九亭城镇工业地块
闵行区	闵北工业区		漕河泾开发区松江园区
	闵行经济技术开发区	金山区	金山第二工业区
	马桥城镇工业地块		枫泾工业园区
	漕河泾开发区浦江园区		亭林城镇工业地块
	莘庄工业区		张堰工业区
	吴泾工业基地		金山工业区
	浦江镇城镇工业地块		金山石化基地
	欣梅城镇工业地块		松隐城镇工业地块
	上海闵行出口加工区		干巷城镇工业地块
	向阳工业区		朱泾工业园区
	航天科技产业园		兴塔工业区
宝山区	宝山钢铁基地		廊下城镇工业地块
	宝山城市工业园区	奉贤区	上海化学工业区
	顾村工业园区		星火开发区
	宝山工业园区		奉城经济园区
	罗店工业园区		海港综合开发区城镇工业地块
	吴淞工业基地		工业综合开发区
	月杨工业区		奉贤现代农业园区
松江区	松江工业区		四团城镇工业地块
	松江工业区洞泾分区		庄行城镇工业地块
	永丰城镇工业地块		邬桥城镇工业地块
	九亭高科技工业园		杨王城镇工业地块

区/县	园 区 名 称	区/县	园 区 名 称
奉贤区	金汇城镇工业地块	嘉定区	华亭城镇工业地块
	化学工业区奉贤分区	浦东新区	浦东新区机场经济园区
	临海城镇工业地块		金桥出口加工区
	青港经济园区		张江高科技园区
	泰顺城镇工业地块		高桥老工业基地城镇工业地块
	头桥城镇工业地块		北蔡城镇工业地块
	临港物流园区奉贤分区		康桥工业区
青浦区	朱家角工业开发区		临港重装备产业基地
	青浦工业园区		合庆经济园区
	华新镇工业开发区		六灶城镇工业地块
	练塘镇工业开发区		老港化工工业区
	徐泾镇工业开发区		南汇工业区
	白鹤镇工业开发区		宣桥城镇工业地块
	金泽城镇工业地块		外高桥保税区
	商榻城镇工业地块		临港主产业基地
嘉定区	安亭汽车产业基地		川沙经济园区
	外冈城镇工业地块		曹路城镇工业地块
	国际汽车城零部件配套园区		飞机总装基地
	嘉定工业区		洋山保税港区
	南翔工业园区		祝桥空港工业区
	徐行工业园区	崇明区	长兴海洋装备基地
	黄渡工业园区		崇明工业园区
	南翔城镇工业地块		富盛开发区
	嘉定工业区马陆园区		

4. 2007—2008 年上海市工业园区新生企业数

园 区 名 称	新生企业数	园 区 名 称	新生企业数
松江工业区	222	金桥出口加工区	24
青浦工业园区	80	临港主产业基地	24
嘉定工业区	66	临海城镇工业地块	23
嘉定工业区马陆园区	63	泰顺城镇工业地块	23
金山工业区	62	头桥城镇工业地块	22
九亭城镇工业地块	57	朱泾工业园区	22
奉城经济园区	50	欣梅城镇工业地块	22
华新镇工业开发区	50	闵北工业区	21
工业综合开发区	49	宝山城市工业园区	21
白鹤镇工业开发区	45	国际汽车城零部件配套园区	21
永丰城镇工业地块	43	亭林城镇工业地块	19
泗泾城镇工业地块	43	兴塔工业区	19
松江工业区洞泾分区	38	祝桥空港工业区	18
金山第二工业区	38	合庆经济园区	18
九亭高科技工业园	36	航天科技产业园	18
南汇工业区	34	张堰工业区	17
莘庄工业区	32	六灶城镇工业地块	17
徐泾镇工业开发区	31	徐行工业园区	16
青港经济园区	30	漕河泾新兴技术开发区	16
松江工业区石湖荡分区	29	宝山工业园区	15
康桥工业区	28	顾村工业园区	15
月杨工业区	27	南翔工业园区	14
杨王城镇工业地块	27	枫泾工业园区	13

（续表）

园 区 名 称	新生企业数	园 区 名 称	新生企业数
金汇城镇工业地块	12	闵行经济技术开发区	5
金泽城镇工业地块	11	长兴海洋装备基地	5
老港化工工业区	11	川沙经济园区	5
黄渡工业园区	10	浦江镇城镇工业地块	4
南翔城镇工业地块	10	宣桥城镇工业地块	4
朱家角工业开发区	10	崇明工业园区	4
吴泾工业基地	10	富盛开发区	3
练塘镇工业开发区	10	商榻城镇工业地块	3
廊下城镇工业地块	10	干巷城镇工业地块	2
奉贤现代农业园区	10	市北工业园区	2
漕河泾开发区浦江园区	9	金山石化基地	2
四团城镇工业地块	9	上海化学工业区	2
邬桥城镇工业地块	8	向阳工业区	2
临港重装备产业基地	7	马桥城镇工业地块	2
北蔡城镇工业地块	7	浦东新区机场经济园区	2
曹路城镇工业地块	7	化学工业区奉贤分区	2
星火开发区	7	安亭汽车产业基地	2
吴淞工业基地	7	桃浦工业园区	1
外高桥保税区	6	临港物流园区奉贤分区	1
张江高科技园区	6	华亭城镇工业地块	0
罗店工业园区	6	飞机总装基地	0
海港综合开发区城镇工业地块	5	外冈城镇工业地块	0
庄行城镇工业地块	5	宝山钢铁基地	0
松隐城镇工业地块	5	漕河泾开发区松江园区	0
上海闵行出口加工区	5	高桥老工业基地城镇工业地块	0

5. 2009 年上海市 86 个工业园区土地产出效率情况(剔除园区级别)

区/县	园 区 名 称	园区级别	地均产出残差 (亿元/平方公里)	排名
闵行区	漕河泾开发区浦江园区	国家级	372.27	1
嘉定区	安亭汽车产业基地	工业基地	135.96	2
浦东新区	北蔡城镇工业地块	区县级	133.20	3
松江区	松江工业区	市级	126.05	4
普陀区	桃浦工业园区	区县级	102.74	5
浦东新区	金桥出口加工区	国家级	96.23	6
浦东新区	浦东新区机场经济园区	市级	88.60	7
闵行区	闵北工业区	市级	88.07	8
浦东新区	康桥工业区	市级	82.31	9
闵行区	浦江镇城镇工业地块	区县级	70.37	10
金山区	枫泾工业园区	市级	40.63	11
崇明县	长兴海洋装备基地	工业基地	35.01	12
浦东新区	高桥老工业基地城镇工业地块	区县级	31.04	13
宝山区	宝山钢铁基地	工业基地	27.94	14
金山区	上海化学工业区	市级/工业基地	25.90	15
金山区	张堰工业区	市级	25.14	16
嘉定区	外冈城镇工业地块	区县级	24.38	17
奉贤区	临海城镇工业地块	区县级	23.44	18
闵行区	欣梅城镇工业地块	区县级	21.50	19
奉贤区	四团城镇工业地块	区县级	17.69	20
嘉定区	嘉定工业区	市级	12.97	21
松江区	九亭城镇工业地块	区县级	12.39	22
嘉定区	南翔城镇工业地块	区县级	12.34	23
奉贤区	杨王城镇工业地块	区县级	11.60	24
奉贤区	星火开发区	市级	10.78	25

区/县	园 区 名 称	园区级别	地均产出残差 (亿元/平方公里)	排名
松江区	泗泾城镇工业地块	区县级	8.60	26
浦东新区	六灶城镇工业地块	区县级	7.91	27
嘉定区	国际汽车城零部件配套园区	市级/工业基地	7.26	28
闸北区	市北工业园区	市级	6.24	29
闵行区	吴泾工业基地	工业基地	6.00	30
闵行区	闵行经济技术开发区	国家级	5.59	31
嘉定区	黄渡工业园区	市级	5.43	32
金山区	亭林城镇工业地块	区县级	5.41	33
青浦区	青浦工业园区	市级	4.70	34
嘉定区	徐行工业园区	市级	4.11	35
奉贤区	奉城经济园区	市级	3.41	36
闵行区	马桥城镇工业地块	区县级	3.28	37
奉贤区	金汇城镇工业地块	区县级	1.87	38
松江区	九亭高科技工业园	市级	1.59	39
青浦区	练塘镇工业开发区	市级	1.54	40
浦东新区	合庆经济园区	市级	1.36	41
浦东新区	宣桥城镇工业地块	区县级	0.19	42
松江区	永丰城镇工业地块	区县级	−0.45	43
宝山区	宝山城市工业园区	市级	−0.83	44
奉贤区	邬桥城镇工业地块	区县级	−1.79	45
奉贤区	庄行城镇工业地块	区县级	−1.79	46
奉贤区	工业综合开发区	市级	−1.90	47
宝山区	顾村工业园区	市级	−2.25	48
松江区	松江工业区洞泾分区	市级	−3.01	49
闵行区	莘庄工业区	市级	−3.50	50
嘉定区	嘉定工业区马陆园区	市级	−3.89	51
青浦区	华新镇工业开发区	市级	−4.51	52

（续表）

区/县	园 区 名 称	园区级别	地均产出残差 （亿元/平方公里）	排名
金山区	廊下城镇工业地块	区县级	−4.80	53
宝山区	宝山工业园区	市级	−5.18	54
浦东新区	川沙经济园区	市级	−5.27	55
嘉定区	南翔工业园区	市级	−5.44	56
金山区	金山石化基地	工业基地	−5.71	57
浦东新区	南汇工业区	市级	−6.71	58
金山区	干巷城镇工业地块	区县级	−7.01	59
浦东新区	临港重装备产业基地	工业基地	−7.54	60
闵行区	向阳工业区	市级	−9.21	61
宝山区	罗店工业园区	市级	−9.55	62
奉贤区	泰顺城镇工业地块	区县级	−10.25	63
青浦区	白鹤镇工业开发区	区县级	−10.62	64
奉贤区	海港综合开发区城镇工业地块	区县级	−10.68	65
金山区	金山第二工业区	市级	−10.71	66
奉贤区	青港经济园区	区县级	−11.93	67
松江区	松江工业区石湖荡分区	市级	−12.07	68
金山区	金山工业区	市级	−12.46	69
浦东新区	老港化工工业区	市级	−13.71	70
金山区	松隐城镇工业地块	区县级	−13.96	71
嘉定区	华亭城镇工业地块	区县级	−14.26	72
青浦区	徐泾镇工业开发区	市级	−14.27	73
金山区	兴塔工业区	市级	−14.51	74
奉贤区	化学工业区奉贤分区	工业基地	−14.86	75
金山区	朱泾工业园区	市级	−15.43	76
浦东新区	临港主产业基地	工业基地	−15.56	77
浦东新区	外高桥保税区	国家级	−18.45	78
奉贤区	头桥城镇工业地块	区县级	−18.62	79

区/县	园 区 名 称	园区级别	地均产出残差 (亿元/平方公里)	排名
奉贤区	奉贤现代农业园区	市级	−18.67	80
崇明县	富盛开发区	市级	−21.58	81
崇明县	崇明工业园区	市级	−21.80	82
宝山区	吴淞工业基地	工业基地	−22.85	83
徐汇区	漕河泾新兴技术开发区	国家级	−57.12	84
浦东新区	张江高科技园区	国家级	−68.75	85
闵行区	上海闵行出口加工区	国家级	−75.81	86

6. 2009 年上海市 86 个工业园区土地产出效率情况(剔除 D_CBD)

区/县	园 区 名 称	到市中心距离 (公里)	地均产出残差 (亿元/平方公里)	排名
闵行区	漕河泾开发区浦江园区	15.89	428.65	1
浦东新区	金桥出口加工区	16.60	153.16	2
嘉定区	安亭汽车产业基地	28.69	130.71	3
松江区	松江工业区	28.11	125.92	4
浦东新区	北蔡城镇工业地块	11.28	111.42	5
浦东新区	浦东新区机场经济园区	29.25	89.16	6
闵行区	闵北工业区	19.55	82.19	7
普陀区	桃浦工业园区	11.25	80.93	8
浦东新区	康桥工业区	19.06	76.07	9
闵行区	闵行经济技术开发区	27.24	69.95	10
闵行区	浦江镇城镇工业地块	19.68	55.26	11
金山区	枫泾工业园区	55.47	53.44	12
金山区	上海化学工业区	49.12	41.87	13
浦东新区	外高桥保税区	16.45	38.36	14
金山区	张堰工业区	51.60	36.52	15

（续表）

区/县	园 区 名 称	到市中心距离 （公里）	地均产出残差 （亿元/平方公里）	排名
崇明县	长兴海洋装备基地	28.83	29.85	16
奉贤区	临海城镇工业地块	43.57	22.15	17
宝山区	宝山钢铁基地	24.50	20.04	18
奉贤区	星火开发区	42.71	18.43	19
嘉定区	外冈城镇工业地块	30.30	16.24	20
嘉定区	嘉定工业区	33.83	16.16	21
奉贤区	四团城镇工业地块	39.72	14.60	22
嘉定区	国际汽车城零部件配套园区	28.79	13.11	23
浦东新区	高桥老工业基地城镇工业地块	14.28	11.77	24
青浦区	练塘镇工业开发区	46.36	10.80	25
奉贤区	奉城经济园区	37.16	8.37	26
青浦区	青浦工业园区	32.98	7.42	27
奉贤区	杨王城镇工业地块	36.90	7.10	28
嘉定区	徐行工业园区	29.12	4.60	29
金山区	金山石化基地	60.43	3.30	30
金山区	金山第二工业区	58.82	3.24	31
闵行区	欣梅城镇工业地块	14.84	2.68	32
金山区	亭林城镇工业地块	40.25	2.57	33
嘉定区	黄渡工业园区	23.79	2.52	34
奉贤区	工业综合开发区	31.78	0.15	35
金山区	廊下城镇工业地块	54.83	−1.55	36
浦东新区	临港重装备产业基地	51.35	−1.73	37
金山区	兴塔工业区	54.68	−1.99	38
金山区	金山工业区	48.14	−2.45	39
松江区	九亭城镇工业地块	19.88	−2.58	40
浦东新区	合庆经济园区	21.93	−2.82	41
浦东新区	六灶城镇工业地块	25.11	−3.45	42

区/县	园 区 名 称	到市中心距离 （公里）	地均产出残差 （亿元/平方公里）	排名
松江区	九亭高科技工业园	19.97	−3.98	43
浦东新区	南汇工业区	32.18	−4.44	44
松江区	泗泾城镇工业地块	21.95	−4.89	45
松江区	松江工业区洞泾分区	25.22	−4.97	46
松江区	永丰城镇工业地块	36.83	−4.99	47
嘉定区	南翔城镇工业地块	16.25	−5.36	48
宝山区	宝山工业园区	27.77	−5.52	49
徐汇区	漕河泾新兴技术开发区	9.77	−5.87	50
金山区	干巷城镇工业地块	49.06	−5.96	51
松江区	松江工业区石湖荡分区	39.31	−6.03	52
奉贤区	庄行城镇工业地块	37.26	−6.11	53
青浦区	华新镇工业开发区	25.29	−6.42	54
闵行区	吴泾工业基地	17.34	−7.00	55
金山区	朱泾工业园区	44.26	−7.08	56
闵行区	马桥城镇工业地块	26.47	−7.21	57
浦东新区	老港化工工业区	40.00	−7.34	58
嘉定区	嘉定工业区马陆园区	22.21	−7.87	59
浦东新区	川沙经济园区	23.60	−8.30	60
闵行区	莘庄工业区	20.60	−8.62	61
奉贤区	金汇城镇工业地块	26.10	−8.85	62
闵行区	上海闵行出口加工区	31.36	−8.97	63
浦东新区	宣桥城镇工业地块	28.46	−9.06	64
闸北区	市北工业园区	7.62	−9.49	65
奉贤区	邬桥城镇工业地块	30.83	−9.62	66
宝山区	顾村工业园区	16.92	−10.10	67
宝山区	宝山城市工业园区	14.79	−10.36	68
奉贤区	化学工业区奉贤分区	46.98	−10.80	69

（续表）

区/县	园 区 名 称	到市中心距离（公里）	地均产出残差（亿元/平方公里）	排名
嘉定区	南翔工业园区	19.57	−11.30	70
奉贤区	海港综合开发区城镇工业地块	44.68	−11.47	71
浦东新区	临港主产业基地	45.98	−11.93	72
宝山区	罗店工业园区	24.25	−12.15	73
崇明县	崇明工业园区	46.99	−12.27	74
浦东新区	张江高科技园区	13.48	−14.32	75
闵行区	向阳工业区	19.08	−15.43	76
金山区	松隐城镇工业地块	43.07	−15.48	77
崇明县	富盛开发区	38.97	−15.71	78
奉贤区	青港经济园区	35.60	−17.11	79
奉贤区	奉贤现代农业园区	29.44	−17.99	80
青浦区	白鹤镇工业开发区	31.52	−18.05	81
奉贤区	泰顺城镇工业地块	30.10	−18.51	82
青浦区	徐泾镇工业开发区	20.25	−19.64	83
嘉定区	华亭城镇工业地块	32.84	−20.94	84
奉贤区	头桥城镇工业地块	34.35	−24.47	85
宝山区	吴淞工业基地	15.27	−37.46	86

7. 2009 年上海市 86 个工业园区的土地产出效率及排名变化情况（剔除区位因素）

区/县	园 区 名 称	原排名	地均产出残差（亿元/平方公里）	新排名	排名差距
闵行区	漕河泾开发区浦江园区	1	345.04	1	0
嘉定区	安亭汽车产业基地	3	129.15	2	1
浦东新区	北蔡城镇工业地块	5	121.69	3	2
松江区	松江工业区	4	120.82	4	0

（续表）

区/县	园 区 名 称	原排名	地均产出残差 （亿元/平方公里）	新排名	排名差距
普陀区	桃浦工业园区	6	90.05	5	1
浦东新区	浦东新区机场经济园区	7	85.33	6	1
闵行区	闵北工业区	8	76.49	7	1
浦东新区	康桥工业区	9	72.81	8	1
闵行区	浦江镇城镇工业地块	11	67.15	9	2
浦东新区	金桥出口加工区	2	58.42	10	−8
金山区	枫泾工业园区	13	50.23	11	2
浦东新区	高桥老工业基地城镇工业地块	18	40.79	12	6
金山区	张堰工业区	16	33.06	13	3
崇明县	长兴海洋装备基地	15	32.94	14	1
金山区	上海化学工业区	14	30.21	15	−1
浦东新区	外高桥保税区	12	28.80	16	−4
奉贤区	临海城镇工业地块	20	26.67	17	3
嘉定区	外冈城镇工业地块	19	22.21	18	1
宝山区	宝山钢铁基地	17	19.78	19	−2
奉贤区	四团城镇工业地块	25	19.51	20	5
奉贤区	星火开发区	24	16.49	21	3
闸北区	市北工业园区	27	16.20	22	5
闵行区	欣梅城镇工业地块	23	12.33	23	0
奉贤区	杨王城镇工业地块	34	12.29	24	10
宝山区	顾村工业园区	43	11.98	25	18
嘉定区	嘉定工业区	21	11.11	26	−5
青浦区	练塘镇工业开发区	36	8.50	27	9
金山区	亭林城镇工业地块	48	7.09	28	20
闵行区	闵行经济技术开发区	10	5.84	29	−19
松江区	九亭城镇工业地块	32	4.89	30	2
浦东新区	六灶城镇工业地块	41	4.30	31	10

区/县	园 区 名 称	原排名	地均产出残差 （亿元/平方公里）	新排名	排名差距
嘉定区	徐行工业园区	30	4.09	32	−2
奉贤区	奉城经济园区	31	3.54	33	−2
嘉定区	南翔城镇工业地块	33	3.48	34	−1
松江区	泗泾城镇工业地块	39	2.70	35	4
青浦区	青浦工业园区	29	2.58	36	−7
金山区	廊下城镇工业地块	69	2.54	37	32
金山区	金山石化基地	64	2.47	38	26
闵行区	马桥城镇工业地块	53	1.19	39	14
松江区	永丰城镇工业地块	59	1.14	40	19
金山区	金山第二工业区	60	0.26	41	19
奉贤区	金汇城镇工业地块	55	0.20	42	13
奉贤区	庄行城镇工业地块	62	−0.50	43	19
浦东新区	宣桥城镇工业地块	56	−0.81	44	12
奉贤区	邬桥城镇工业地块	63	−1.24	45	18
金山区	干巷城镇工业地块	73	−1.69	46	27
浦东新区	临港重装备产业基地	67	−2.09	47	20
嘉定区	黄渡工业园区	28	−2.72	48	−20
奉贤区	工业综合开发区	42	−3.66	49	−7
浦东新区	合庆经济园区	37	−4.76	50	−13
嘉定区	国际汽车城零部件配套园区	22	−5.20	51	−29
崇明县	崇明工业园区	82	−5.38	52	30
宝山区	宝山工业园区	50	−5.52	53	−3
金山区	兴塔工业区	71	−5.80	54	17
金山区	金山工业区	66	−5.81	55	11
奉贤区	海港综合开发区城镇工业地块	77	−6.89	56	21
浦东新区	南汇工业区	54	−7.25	57	−3
闵行区	吴泾工业基地	38	−7.84	58	−20

区/县	园 区 名 称	原排名	地均产出残差 （亿元/平方公里）	新排名	排名差距
松江区	松江工业区洞泾分区	44	−8.98	59	−15
浦东新区	老港化工工业区	68	−9.43	60	8
奉贤区	泰顺城镇工业地块	75	−9.57	61	14
松江区	松江工业区石湖荡分区	65	−9.98	62	3
松江区	九亭高科技工业园	35	−10.39	63	−28
崇明县	富盛开发区	81	−10.64	64	17
金山区	松隐城镇工业地块	83	−11.12	65	18
青浦区	华新镇工业开发区	49	−11.33	66	−17
金山区	朱泾工业园区	72	−11.57	67	5
奉贤区	青港经济园区	80	−11.87	68	12
奉贤区	化学工业区奉贤分区	78	−11.96	69	9
浦东新区	临港主产业基地	79	−11.98	70	9
嘉定区	华亭城镇工业地块	84	−12.23	71	13
青浦区	白鹤镇工业开发区	76	−12.49	72	4
闵行区	莘庄工业区	45	−12.82	73	−28
嘉定区	嘉定工业区马陆园区	47	−13.65	74	−27
浦东新区	川沙经济园区	51	−13.90	75	−24
宝山区	吴淞工业基地	86	−14.27	76	10
宝山区	罗店工业园区	58	−14.88	77	−19
嘉定区	南翔工业园区	52	−15.93	78	−26
宝山区	宝山城市工业园区	40	−16.58	79	−39
奉贤区	头桥城镇工业地块	85	−19.41	80	5
闵行区	向阳工业区	57	−21.63	81	−24
浦东新区	张江高科技园区	46	−22.79	82	−36
奉贤区	奉贤现代农业园区	74	−23.18	83	−9
青浦区	徐泾镇工业开发区	70	−26.43	84	−14
闵行区	上海闵行出口加工区	61	−73.55	85	−24
徐汇区	漕河泾新兴技术开发区	26	−114.49	86	−60

参考文献

［1］安虎森.增长极理论评述［J］.南开经济研究,1997(1):31-37.

［2］奥莎利文.城市经济学(第6版)［M］.周京奎,译.北京:北京大学出版社,2011.

［3］班茂盛,方创琳,刘晓丽,等.北京高新技术产业区土地利用绩效综合评价［J］.地理学报,2008(2):175-184.

［4］陈强.高级计量经济学及Stata应用［M］.北京:高等教育出版社,2010.

［5］陈士银,周费,杨小雄,等.区域土地利用绩效及可持续性评价［J］.国土资源科技管理,2008(5):1-5.

［6］陈维肖,毕雪薇,梁流涛.国家中心城市土地集约利用评价及障碍因素诊断［J］.地域研究与开发,2019,38(3):113-118.

［7］陈文福.西方现代区位理论述评［J］.云南社会科学,2004(2):62-66.

［8］陈振汉,厉以宁.工业区位理论［M］.北京:人民出版社,1982.

［9］池友法.上海市工业园区土地集约利用与管理研究［D］.上海:上海交通大学,2011.

［10］楚波,梁进社.基于OPM模型的北京制造业区位因子的影响分析［J］.地理,2007,26(4):723-734.

［11］崔许锋,张光宏,徐成,等.经济发达地区土地利用绩效评价及其改进路径探讨［J］.农业经济问题,2017(12):81-88.

［12］董会和,李诚固.东北地区城市土地集约利用区域比较研究［J］.城市问题,2014(9):54-59.

［13］杜能.孤立国同农业和国民经济的关系［M］.吴衡康,译.北京:商务印书馆,2011.

［14］龚仰军,王玉,干春晖.上海工业发展报告:生产力的空间布局与工业园区建设［M］.上海:上海财经大学出版社,2007.

［15］顾湘,王铁成,曲福田.工业行业土地集约利用与产业结构调整研究——以江苏省为例［J］.中国土地科学,2006,20(6):3-8.

［16］郭贯成,任宝林,吴群.基于ArcGIS的江苏省金坛市工业用地集约利用评价研究［J］.中

国土地科学,2009,23(8)：24-30.

[17] 韩璟,卢新海.武汉城市圈省级经济开发区土地集约利用水平比较研究[J].地域研究与开发,2014,33(6)：121-124.

[18] 何明花,刘峰贵,唐仲霞,等.西宁市城市土地集约利用研究[J].干旱区资源与环境,2014,28(3)：44-49.

[19] 贺灿飞,梁进社,张华.北京市外资制造业企业的区位分析[J].地理学报,2005,60(1)：122-130.

[20] 侯丹,丁锐,李双异,等.辽宁省国家级开发区土地集约利用评价与潜力分析[J].中国人口·资源与环境,2010,20(3)：104-107.

[21] 贾宏俊,黄贤金,于术桐,等.中国工业用地集约利用的发展及对策[J].中国土地科学,2010,24(9)：52-56.

[22] 贾树海,代丽媛,宋振华等.基于熵权法的工业用地集约利用评价研究——以辽宁省朝阳经济技术开发区为例[J].国土与自然资源研究.2011,(3)：4-6.

[23] 姜海宁,谷人旭,李广斌.中国制造业企业500强总部空间格局及区位选择[J].经济地理,2011,31(10)：1666-1673.

[24] 雷勋平,QIU R,刘勇.基于熵权 TOPSIS 模型的区域土地利用绩效评价及障碍因子诊断[J].农业工程学报,2016,32(13)：243-253.

[25] 黎孔清,陈银蓉.低碳理念下的南京市土地集约利用评价[J].中国土地科学,2013,27(1)：61-66.

[26] 李灿,张凤荣,朱泰峰,等.基于熵权 TOPSIS 模型的土地利用绩效评价及关联分析[J].农业工程学报,2013,29(5)：217-227.

[27] 李焕,徐建春,李翠珍,等.基于 BP 人工神经网络的开发区土地集约利用评价——以浙江省为例[J].地域研究与开发,2011,30(4)：122-126.

[28] 李嘉图.政治经济学与赋税原理[M].郭大力,王亚南,译.南京：译林出版社,2011.

[29] 李景刚,张效军,高艳梅.基于改进熵值模型的城市土地集约利用动态评价——以广州市为例[J].地域研究与开发,2012,31(4)：118-123.

[30] 李伟芳,吴迅锋,杨晓平.宁波市工业用地节约和集约利用问题研究[J].中国土地科学,2008,22(5)：23-27.

[31] 林善浪,张惠萍.通达行、区位选择与信息服务业集聚——以上海为例[J].财贸经济,2011(5)：106-114.

[32] 刘坚,黄贤金,翟文侠,等.城市土地利用效益空间分异研究[J].江南大学学报(人文社会科学版),2005,4(6)：67-71.

[33] 刘修岩,张学良.集聚经济与企业区位选择——基于中国地级区域企业数据的实证研究[J].财经研究,2010,36(11)：83-92.

[34] 鲁春阳,文枫,杨庆媛,等.基于改进 TOPSIS 法的城市土地利用绩效评价及障碍因子诊断——以重庆市为例[J].资源科学,2011,33(3)：535-541.

[35] 吕卫国,陈雯.制造业企业区位选择与南京城市空间重构[J].地理学报,2009,64(2)：142-152.

[36] 马歇尔.经济学原理[M].陈良璧,译.北京：商务印书馆,2011.

[37] 麦卡恩.城市与区域经济学[M].李寿德,蒋录全,译.上海：上海人民出版社,2010.

[38] 毛蒋兴,闫小培,王爱民,等.20 世纪 90 年代以来我国城市土地集约利用研究述评[J].地理与地理信息科学,2005,21(2)：48-57.

[39] 牛艳华,许学强.高新技术产业区位研究进展综述[J].地理与地理信息科学,2005,21(3)：70-74.

[40] 欧照铿,唐南奇,张黎明.基于 BP 人工神经网络的开发区土地集约利用评价——以福建省为例[J].福建农林大学学报(自然科学版),2014,43(4)：424-429.

[41] 彭浩,曾刚.上海市开发区土地集约利用评价[J].经济地理,2009,29(7)：1177-1181.

[42] 祁新华,朱宇,张扶秀,等.企业区位特征、影响因素及其城镇化效应[J].地理科学,2010,30(2)：220-228.

[43] 任平.城市土地资源集约利用：绩效评价与机制构建[D].成都：西南财经大学,2009.

[44] 上海市发展和改革委员会,上海市统计局.上海产业转型发展系列课题研究报告之土地篇[R].上海：上海市发展和改革委员会,2011.

[45] 邵晓梅,刘庆,张衍毓.土地集约利用的研究进展及展望[J].地理科学进展,2006,25(2)：85-95.

[46] 石忆邵,范胤翡,范华,等.产业用地的国际国内比较分析[M].北京：中国建筑工业出版社,2010

[47] 宋德勇,苗澍森,杨睿.土地集约利用指标评价研究——以武汉市为例[J].中国人口·资源与环境,2015,25(5)：62-65.

[48] 宋秀坤,王铮.上海城市内部高新技术产业区位研究[J].地域研究与开发,2001,20(4)：18-21.

[49] 孙平军,吕飞,修春亮,等.新型城镇化下中国城市土地节约集约利用的基本认知与评价[J].经济地理,2015,35(8)：178-183,195.

[50] 佟香宁,杨钢桥,李美艳.城市土地利用效益综合评价指标体系与评价方法——以武汉市为例[J].华中农业大学学报(社会科学版),2006(4)：53-57.

[51] 王成新,刘洪颜,史佳璐,等.山东省省级以上开发区土地集约利用评价研究[J].中国人口·资源与环境,2014,24(6)：128-133.

[52] 王芳芳,郝前进.环境管制与内外资企业的选址策略差异——基于泊淞回归的分析[J].世界经济文汇,2011(4)：29-40.

[53] 王雨晴,宋戈.城市土地利用综合绩效评价与案例研究[J].地理科学,2006(6)：743-748.

[54] 魏宁宁,陈会广,徐雷.开发区土地集约利用评价方法对比研究[J].长江流域资源与环境,2017,26(10)：1556-1563.

[55] 魏宁宁,陈会广,张全景.基于模糊物元模型的开发区土地集约利用评价[J].重庆大学学报(社会科学版),2018,24(1)：11-21.

[56] 吴一凡,雷国平,路昌,等.基于改进 TOPSIS 模型的大庆市城市土地利用绩效评价及障碍度诊断[J].水土保持研究,2015,22(4)：85-90.

[57] 谢媛媛,骆正清.工业用地价格研究：国内外文献综述[J].生产力研究,2011,(3)：212-214.

［58］熊鲁霞,骆棕.上海市工业用地的效率与布局[J].城市规划汇刊,2000,(2):22-29,45.

［59］胥祥,周国富,周宇洋,等.贵阳市土地利用绩效评价及障碍因子诊断[J].水土保持通报,2019,39(3):243-250.

［60］杨剑,魏雅丽,王立国,等.区域土地利用效益评价——以阿坝藏族羌族自治州为例[J].安徽农业科学,2008,36(20):8729-8731.

［61］余珮,孙永平.集聚效应对跨国公司在华区位选择的影响[J].经济研究,2011(1):71-82.

［62］曾刚.上海市工业布局调整初探[J].地理研究,2001,20(3):330-337.

［63］张华,贺灿飞.区位通达性与在京外资企业的区位选择[J].地理研究,2007,26(5):984-994.

［64］张家庆.地租与地价学[M].北京:中国国际广播出版社,1990.

［65］张洁.东京城市土地利用结构分析及其对中国大城市的启示[J].经济地理,2004,24(6):812-815.

［66］张落成,武清华,刘剑.基于企业抽样调查的无锡省级开发区工业行业土地集约利用评价[J].长江流域资源与环境,2012,21(12):1486-1491.

［67］张彦,王瑷玲,王彩艳,等.基于物元模型的工业园区土地集约利用评价研究[J].山东农业大学学报(自然科学版),2016,47(2):202-206.

［68］赵小风,黄贤金,钟太洋,等.江苏省开发区土地集约利用的分层线性模型实证研究[J].地理研究,2012,31(9):1161-1620.

［69］赵新正,魏也华.大都市外资经济空间演变与影响机制研究——以上海为例[J].南京社会科学,2011(5):8-14.

［70］甄江红,成舜,郭永昌,等.包头市工业用地土地集约利用潜力评价初步研究[J].经济地理,2004,24(2):250-253.

［71］周丹丹.城市土地利用绩效评价研究[D].重庆:重庆大学,2010.

［72］朱翔.城市地理学[M].长沙:湖南教育出版社,2003.

［73］ALONSO W. Location and land use[M]. Cambridge: Harvard University Press, 1964.

［74］AMBROSE B W. An analysis of the factors affecting light industrial property valuation [J]. Journal of real estate research, 1990, 5(3): 355-370.

［75］ARAUZO-CAROD J M. Determinants of industrial location: an application for Catalan municipalities[J]. Papers in regional science, 2005, 84(1): 105-120.

［76］ARAUZO-CAROD J M. Industrial location at a local level: comments on the territorial level of the analysis[J]. Tijdschrift voor economische en sociale geografie—Journal of economic & social geography, 2008, 99(2): 193-208.

［77］ARAUZO-CAROD J M, LIVIANO-SOLIS D. MANJON-ANTOLIN M. Empirical studies in industrial location: an assessment of their methods and results[J]. Journal of regional science, 2010, 50(3): 685-711.

［78］ARAUZO-CAROD J M, MANJON-ANTOLIN M C. Firm size and geographical aggregation: an empirical appraisal in industrial location[J]. Small business economics, 2004, 22(3-4): 299-312.

［79］ARAUZO-CAROD J M，VILADECANS-MARSAL E. Industrial location at the intra-metropolitan level：the role of agglomeration economies［J］. Regional studies，2009，43（4）：545-558.

［80］AUDRETSCH D B，LEHMANN E E. Does the knowledge spillover theory of entrepreneurship hold for regions? ［J］Research policy，2005，34（8）：1191-1202.

［81］AUTANT-BERNARD C，MANGEMATIN V，MASSARD N. Creation of biotech SMEs in France［J］. Small business economics，2006，26（2）：173-187.

［82］BADE F J，NERLINGER E A. The spatial distribution of new technology-based firms：empirical results for West-Germany［J］. Papers in regional science，2000，79（2）：155-176.

［83］BARBOSA N，GUIMARAES P，WOODWARD D. Foreign firm entry in an open economy：the case of Portugal［J］. Applied economics，2004，36（5）：465-472.

［84］BARTIK T J. Business location decisions in the U. S.：estimates of the effects of unionization，taxes，and other characteristics of states［J］. Journal of business and economic statistics，1985. 3（1）：14-22.

［85］BARTIK T J. The effects of environmental regulation on business location in the United States［J］. Growth and change，1988，19（3）：22-44.

［86］BASILE R，CASTELLANI D，ZANFEI A. Location choice of multinational firms in Europe：the role of national boundaries and EU policy ［R］. Italy：University of Urvino，2003.

［87］BECKER R，HENDERSON V. Effects of air quality regulations on polluting industries ［J］. Journal of political economy，2000，108：379-421.

［88］BECKMAN M J. Location theory［M］. New York：Random House，1968.

［89］BLAUG M. Economic theory in retrospect［M］. Cambridge：Cambridge University Press，1997.

［90］BRUECKNER J K. Urban sprawl：diagnosis and remedies［J］. International regional science review，2000，23（2）：160-171.

［91］BUSS T F. The effect of state tax incentives on economic growth and form location decisions：and overview of the literature［J］. Economic development quarterly，1991，15（1）：90-105.

［92］BUTTIMER R J，RUTHERFORD R C，PRESIDENT R W. Industrial warehouse rent determinants in the Dallas/Fort Worth area［J］. Journal of real estate research，1997，13（1）：47-55.

［93］CAMERON A C，TRIVEDI P K. Regression analysis of count data［M］. Cambridge：Cambridge University Press，1998.

［94］CARLTON D W. The location and employment choices of new firms：an econometric model with discrete and continuous endogenous variables［J］. The review of economics and statistics，1983，65（3）：440-449.

［95］CHENG S M，STOUGH R R. Location decisions of Japanese new manufacturing plants in China: a discrete choice analysis[J]. The annals of regional science, 2006, 40(2): 369 - 387.

[96] CIESLIK A. Location of foreign firms and national border effects: the case of Poland [J]. Tijdschrift voor economische en sociale geografie—Journal of economic & social geography, 2005b, 96(3): 287 - 297.

[97] CIESLIK A. Regional characteristics and the location of foreign firms within Poland[J]. Applied economics, 2005a, 37(8): 863 - 874.

[98] COUGHLIN C C., SEGEV E. Location determinants of new foreign-owned manufacturing plants[J]. Journal of regional science, 2000, 40(2): 323 - 351.

[99] COUGHLIN C C., TERZA J V., ARROMDEE V. State characteristics and the location of foreign direct investment within the United States[J]. The review of economics and statistics, 1991, 73(4): 675 - 683.

[100] CROZET M, MAYER T, MUCCHIELLI J L. How do firms agglomerate? A study of FDI in France[J]. Regional science and urban economics, 2004, 34(1): 27 - 54

[101] D'ASPREMONT C, GABSZEWICZ J J, THISSE J F. On Hotelling's stability in competition[J]. Econometrica, 1979, 47(5): 1145 - 1150.

[102] DEVERAUX M P, GRIFFITH R. Taxes and the location of production: evidence from a panel of US Multinationals[J]. Journal of public economics, 1998, 68(3): 335 - 367.

[103] DUMANSKI J. Criteria and indicators for land quality and sustainable land management [J]. ITC Journal, 1997(4): 216 - 222.

[104] DUNSE N, JONES C, BROWN J, et al. The spatial pattern of industrial rents and the role of distance[J]. Journal of property investment and finance, 2005, 23(4): 329 - 341.

[105] EGELN J, GOTTSCHALK S, RAMMER C. Location decisions of spin-offs from public research institutions[J]. Industry and innovation, 2004, 11(3): 207 - 223.

[106] ESWARAN M, KANEMOTO Y, RYAN D. A dual approach to the locational decision of the firm[J]. Journal of regional science, 1981, 21(4): 469 - 489.

[107] FEHRIBACH F A, RUTHERFORD R C, et al. An analysis of the determinants of industrial property valuation[J]. Journal of real estate research, 1993, 8(3): 365 - 376.

[108] FIGUEIREDO O, GUIMARAES P, WOODWARD D. Home-field advantage: location decisions of Portuguese entrepreneurs[J]. Journal of urban economics, 2002, 52(2): 341 - 361.

[109] FRIEDMAN J, GERLOWSKI D A, SILBERMAN J. What attracts foreign multinational corporations? Evidence from branch plant location in the United States[J]. Journal of regional science, 1992, 32(4): 403 - 418.

[110] FRIEDMANN J. Regional development policy: a case study of Venezuela [M]. Cambridge, Mass: MIT Press, 1966.

[111] GABE T. Local industry agglomeration and new business activity[J]. Growth and change, 2003, 34(1): 17 - 39.

[112] GABE T M, BELL K P. Tradeoffs between local taxes and government spending as

determinants of business location[J]. Journal of regional science, 2004, 44(1): 21 – 41.

[113] GUIMARAES P, FIGUEIREDO O, WOODWARD D. Agglomeration and the location of foreign direct investment in Portugal[J]. Journal of urban economics, 2000, 47(1): 115 – 135.

[114] GUIMARAES P, FIGUEIREDO O, WOODWARD D. Industrial location modeling: extending the random utility framework[J]. Journal of regional science, 2004, 44(1): 1 – 20.

[115] GUIMARAES P, ROLFE R J, WOODWARD D P. Regional incentives and industrial location in Puerto Rico[J]. International regional science review, 1998, 21(2): 119 – 138.

[116] HANSEN E R. Industrial location choice in Sao Paulo, Brazil: a nested logit model[J]. Regional science and urban economics, 1987, 17(1): 89 – 108.

[117] HAYTER R. The dynamics of industrial location: the factory, the firm and the production system[M]. Chichester, UK: Wiley, 1997.

[118] HEAD C K, RIES J C, SWENSON D L. Agglomeration benefits and location choice: evidence from Japanese manufacturing investments in the United States[J]. Journal of international economics, 1995, 38(3 – 4): 223 – 247.

[119] HEAD C K, RIES J C, SWENSON D L. Attracting foreign manufacturing: investment promotion and agglomeration[J]. Regional science and urban economics, 1999, 29(2): 197 – 218.

[120] HENDERSON J V, KUNCORO A. Industrial centralization in Indonesia[J]. World Bank economic review, 1996, 10(3): 513 – 540.

[121] HIRSCHMAN A O. The strategy of economic development[M]. New Haven: Yale University Press, 1958.

[122] HOAG J. Towards indices of real estate value and return[J]. The journal of finance, 1980, 35(5): 569 – 580.

[123] HOLL A. Starts-ups and relocations: manufacturing plant location in Portugal[J]. Papers in regional science, 2004a, 83(4): 649 – 668.

[124] HOLL A. Transport infrastructure, agglomeration economies, and firm birth: empirical evidence from Portugal[J]. Journal of regional science, 2004b, 44(4): 693 – 712.

[125] HOOVER E M. Location theory and the shoe and leather industries[M]. Cambridge, Mass: Harvard University Press, 1937.

[126] HOOVER E M. The location of economic activity[M]. New York: MacGraw-Hill, 1948.

[127] HOTELLING H. Stability in competition[J]. Economic journal, 1929, 39(153): 41 – 57.

[128] HUBACEK K. et al. The role of land in economic theory [R]. Laxenburg: International Institute for Applied Systems Analysis, 2002.

[129] ISARD W. Location and the space economy[M]. New York: John Wiley, 1956.

[130] JACKSON T. Environmental contamination and industrial real estate prices[J]. Journal

of real estate research, 2002, 23(1/2): 179 - 199.

[131] KATZMAN M T. The Von Thuenen paradigm, the industrial-urban hypothesis, and the spatial structure of agriculture[J]. American journal of agricultural economics, 1974, 56(4): 683 - 696.

[132] KOGUT B, CHANG S J. Technological capabilities and Japanese foreign direct investment in the United States[J]. The review of economics and statistics, 1991, 73(3): 401 - 413.

[133] KOWALSKI J G, PARASKEVOPOULOS C C. The impact of location on urban industrial land prices[J]. Journal of urban economics, 1990, 27(1): 16 - 24.

[134] LEE S. Metropolitan growth patterns' impact on intra-regional spatial differentiation and inner-ring suburban decline: insights for smart growth[D]. Georgia Institute of Technology, 2005.

[135] LEVINSON A. Environmental regulations and manufacturers' location choices: evidence from the census of manufactures[J]. Journal of public economics, 1996, 62(1 - 2): 5 - 29.

[136] LIST J A. US county-level determinants of inbound FDI: evidence from a two-step modified count data model[J]. International journal of industrial organization, 2001, 19(6): 953 - 973.

[137] LOCKWOOD L J, RUTHERFORD R C. Determinants of industrial property value[J]. Real estate economics, 1996, 24(2): 257 - 272.

[138] LUGER M I, SHETTY S. Determinants of foreign plant start-ups in the United States: lessons for policymakers in the southeast[J]. Vanderbilt journal of transnational law, 1985 (18): 223 - 245.

[139] MARSHALL A. Principles of economics[M]. 8th ed. London: Macmillan, 1920.

[140] MCCANN P, SHEPPARD S. The rise, fall and rise again of industrial location theory [J]. Regional studies, 2003, 37(6): 649 - 663.

[141] MCCANN P. Urban and regional economics[M]. Oxford: Oxford University Press, 2001.

[142] MCCONNEL V D, SCHWAB R M. The impact of environmental regulation on industry location decisions: the motor vehicle industry[J]. Land economics, 1990, 66(1): 67 - 81.

[143] MCFADDEN D. Conditional logit analysis of qualitative choice behavior[M]. // ZAREMBKA P. Frontiers in econometrics New York: Academic Press, 1974.

[144] MENG Y, ZHANG F R, AN P L, et al. Industrial land-use efficiency and planning in Shunyi, Beijing[J]. Landscape and urban planning, 2008, 85(1): 40 - 48.

[145] MILLER S M, JENSEN O W. Location and the theory of production[J]. Regional science and urban economics, 1978, 8(2): 117 - 128.

[146] MILLS E S. Urban Economics[M]. Glenview: Scott, Foresman& Co., 1970.

[147] MOONMAW R L. Spatial productivity variations in manufacturing: a critical survey of cross-sectional analysis[J]. International regional science review, 1983, 8(1): 1 - 22.

[148] MOSES L. Location and the theory of production[J]. Quarterly journal of economics, 1958, 72(2): 259-272.

[149] MULLAHY J. Heterogeneity, excess zeros, and the structure of count data models[J]. Journal of applied econometrics, 1997, 12(3): 337-350.

[150] MUTH R F. Economic change and rural urban land conversions[J]. Econometrica, 1961, 29(1): 1-22.

[151] MYDRAL G. Economic theory and underdeveloped regions[M]. London: Duckworth, 1957.

[152] OHLIN B. Interregional and international trade[M]. Cambridge: Harvard University Press, 1933.

[153] PAPKE L E. Interstate business tax differentials and new firm location[J]. Journal of public economics, 1991, 45(1): 47-68.

[154] PERROUX F. Economic space, theory and applications [J]. Quarterly journal of economics, 1950, 64(1): 89-104.

[155] SAZ-SALAZAR D S, GARCIA-MENEDEZ L. Public provision versus private provision of industrial land: a hedonic price[J]. Land use policy, 2005, 22(3): 215-223.

[156] SHUKLA V, WADDELL P. Firm location and land use in discrete urban space: a study of the spatial structure of Dallas-Fort Worth[J]. Regional science and urban economics, 1991, 21(2): 225-253.

[157] SMITH D F, FLORIDA R. Agglomeration and industrial location: an econometric analysis of Japanese-affiliated manufacturing establishments in automotive-related industries[J]. Journal of urban economics, 1994, 36(1): 23-41.

[158] SMYTH, A J, DUMANSKI J. FESLM: an international framework for evaluating sustainable land management [R]. World soil resources Report 73. Rome: U.N. Food and Agriculture Organization, 1993.

[159] TAN D, HUANG X J. Influencing factors of the levels of intensive use of typical industrial land[J]. China Population, Resources and Environment, 2008, 18(3): 54-57.

[160] Tokyo Statistical Yearbook 1982[R]. Tokyo: Statistics Division, Bureau of General Affairs, 1982.

[161] VICKERMAN R W. Infrastructure and regional development[M]. London: Pion, 1991.

[162] VUONG Q H. Likelihood ratio tests for model selection and non-nested hypotheses[J]. Econometrica, 1989, 57(2): 307-333.

[163] WILLIAMSON J G. Regional inequalities and the process of national development[J]. Economic development and cultural change, 1965, 13(4): 1-84.

[164] WOODWARD D P. Locational determinants of Japanese manufacturing start-ups in the United States[J]. Southern economic journal, 1992, 58(3): 690-708.

[165] WU F L. Intrametropolitan FDI firm location in Guangzhou, China: a poisson and negative binomial analysis[J]. The annals of regional science, 1999, 33(4): 535-555.

索　引

后　记

　　本书是在 2012 年的博士论文基础上修改完成的。虽然时隔 8 年,但本书的研究方法仍能作为我国工业园区集约利用评价方法的补充,所得出的结论仍可为我国城市转型发展、优化城市产业结构的决策依据。我国经济已从高速度发展转向高质量发展,强调生态文明建设和绿色发展理念,注重经济与生态环境的协调发展,因而地方政府在城市总体规划时也意识到要转变城市发展模式,限制城市的无限扩张,提高土地利用效率。以上海为例,近几年来,为了推动经济高质量发展,对与城市功能相冲突的老工业园区中的污染企业实施搬迁(如高桥老工业基地、吴淞工业基地等),逐步调整和优化园区产业结构,实现城市发展与生态环境和谐共融;为了实现工业用地的开发再利用和减量化,改变工业布局分散的状况,将低效工业用地(如上海的"195""198"区域的工业用地)转为住宅用地、公共服务用地、绿地、生态用地等。然而,近几年来,很少有研究采用本书的研究方法来评价工业园区土地产出效率,有关工业园区土地集约利用评价的研究仍以单位面积工业产值的绝对值来评价土地产出效率的高低。其原因一方面可能是现有研究更注重土地集约节约利用的综合评价,而忽略了单个评价指标(即单位面积工业产值)是否能够真实地反映出工业园区的土地产出效率;另一方面可能是该研究方法对数据可获得性的要求较高,需要连续多年某个区域涵盖不同园区级别、不同地理位置的工业园区相关数据。

　　当再次翻开博士论文进行修改时,往事一件件涌入我的心头。首先,要感谢我的导师,复旦大学环境科学与工程系戴星翼教授。是您引领我走入资源与环境经济学的研究领域,为我提供理论与方法论上的指导,不断开拓我的思维。记得您常说:"导师就像导游,当你走错方向或迷路的时候,导游要及时挥舞手中的小旗,指引你正确的方向。"在博士论文写作过程中,每当我困惑、迷茫时,您都耐心地指导我、鼓励我。我也记得您曾严厉地"批评"我:"不要我说什么就记什么,不要把我说的话原封不动地写进论文里,要学会自己独立思考问题!"因此,您坚持让我自己不断摸索、完善博士论文的研究思路,通过自学来掌握新的研究方法,这为我后来独立完成学术研究打下了坚实的基础。其次,我要感谢复旦大学环境科学与工程系的郝前进老师。在博士论文的形成阶段,您多次与我讨论,帮助我厘清研究思路,在研究方法上帮助我熟悉并掌握 ArcGIS、STATA 等软件的应用;在论文的完善阶段,您提供了许多富有见地的修改意见,这些都使我受益良多。我还要感谢环境管理组的各位老师,感谢你们平时对我的指导、关心和帮助。

本书在写作和资料收集的过程中得到了上海市地质调查研究院的帮助,使我能够获得相关的研究数据并对数据有了更深入的了解。本书还受到国家社会科学基金青年项目的资助(项目编号:15CJY038)。

最后,感谢我的家人。感谢父母对我学习的支持和鼓励,对我无微不至的关怀。尤其要感谢我的丈夫,是你的鼓励与支持,让我有信心按时完成博士论文而没有选择延期毕业;是你一路上的陪伴与指引,让我有勇气继续在学术的道路上坚持走下去,不忘初心。本书出版的时间恰逢我们结婚 8 周年之际,以作纪念,并以此表示我深深的谢意。

嵇 欣

2020 年 3 月于家中